初中语文的知与行实证研究

刘巍 著

南方日报出版社
NANFANG DAILY PRESS
中国·广州

图书在版编目（CIP）数据

实证研究：初中语文的知与行 / 刘巍著 .—广州：南方日报出版社，2022.12
ISBN 978-7-5491-2601-9

Ⅰ．①实… Ⅱ．①刘… Ⅲ．①中学语文课—教学研究—初中 Ⅳ．① G633.302

中国版本图书馆 CIP 数据核字（2022）第 167345 号

SHIZHENG YANJIU CHUZHONG YUWEN DE ZHI YU XING

实证研究：初中语文的知与行

著　　者：刘　巍
出版发行：南方日报出版社
地　　址：广州市广州大道中 289 号
出 版 人：周山丹
责任编辑：方　明　曹　星
责任校对：阮昌汉
责任技编：王　兰
封面设计：南风生
经　　销：全国新华书店
印　　刷：佛山市迎高彩印有限公司
开　　本：787 mm × 1092 mm　1/16
印　　张：12.75
字　　数：227 千字
版　　次：2022 年 12 月第 1 版
印　　次：2022 年 12 月第 1 次印刷
定　　价：49.00 元

投稿热线：（020）87360640　　读者热线：（020）87363865
发现印装质量问题，影响阅读，请与承印厂联系调换。

自序
追求理性分析的语文教学实证研究

一、基于学理的语文教研

苏联教育家苏霍姆林斯基在《给教师的建议》中指出："只有善于分析自己工作的教师，才能成为得力的、有经验的教师。在自己的工作中，分析各种教育现象，正是向着教育智慧攀登的第一个阶梯。"确实，基于学理分析的实证研究，正是引导我们语文教师更好地去关注和分析各种语文教育教学现象，学会去深入思考教学现象背后的本质，思考教学之间的因果联系，由表及里，由感性认识上升到理性认识。科学理性，持之以恒；积少成多，知行合一。

所以，作为教师想要更好地促进自身专业成长，则必须进行认真细致的学理研究、教学诊断与分析，并在分析中不断地积累经验，尤其是在日新月异的教育变革浪潮中，如果没有坚守科学、理性的语文研究，我们势必难以把握学科教学的真谛。

基于上述认识，在本书中我所理解的"理性"，按《现代汉语词典》的定义，属于概念、判断、推理等抽象思维活动的认识；我所理解的"实证研究与分析"，是指减少主观判断、不只凭或依赖个体的教学经验，对语文教育教学现象、教学行为和教学活动及其发展趋势做的客观研究、判断与分析，在此基础上，充分考虑学理联系和教学规律，并根据这些规律来分析和预测教学行为的效果。

从教师教学角度，我们需要实证的研究。基于个人经验的判断，确实能够在一定程度上反映隐藏于语文教学环节中的某种教与学的规律，但因其主观性强，往往会让我们主要凭个人经验、主观判断来掩盖甚至代替客观实际，而不是凭借客观事实做教学依据的判断，缺乏对教学中得失的明晰分辨。所以，在实际中，我们需要一种基于教学实际的判断、实证，这种判断和实证，不是主观的、模糊的，而是与之相对的客观与理性。

从语文学科研究角度，我们也同样需要学理的支撑。语文学科是人文性学科，需要注重涵泳、品味、欣赏和理解，重视语感的把握。但语文学科的教学以及对语文学科教学的研究理应是，也必定是要讲求科学的。

实践出真知，知行要合一。我们要警惕语文教学中个体经验的无限扩展和对其的过度依赖，要倡导基于实证的语文教学及对其的研究。我们也要警惕非科学的“假实证”“空实证”：不依据客观数据，而是使用经过加工或选择的材料；数据样本不够多、不够广，代表性不足……那样的研究要么浅表滑行，要么凌空蹈虚，得出的结论可行性不大、可靠性不强、可证性不高，价值性也势必打折。

二、知行合一的语文教研

在日常的教学与教研工作中，我发现初中语文教学常有“三化”现象：一是窄化了语文学习范畴，把语文教学等同于课文教学；二是泛化了语文学科属性内容，把语文课上成了其他课；三是淡化了语文教学的边界，把语文学习变成了个体经验的传承。我们要清醒认识到：经验，尤其是个体的经验并不总是可靠的。真正可靠的是经验背后隐含的规律与学理，是提高对个体经验的分析、推断、归纳与总结，是倡导基于实证的语文教学及其研究。为此，我凝练并提出了“知行语文”的教学主张。语文的教学，不仅仅靠讲知识，尤其是讲陈述性知识，学生就能学会、学好语文，而是要着眼于核心素养，创设情境、设计任务、开发资源、迁移实践。就是说，要形成“从已知走向未知，由实践巩固认知”的知行合一式的回环反复，促进学生知的理解和行的迁移。

未来具有诸多复杂性和不确定性，我们仅仅依靠语文课堂知识的精雕细琢已很难适应，需要更多方面的探索与实践，需要改变知识、技能的简单线性排列方式，强化

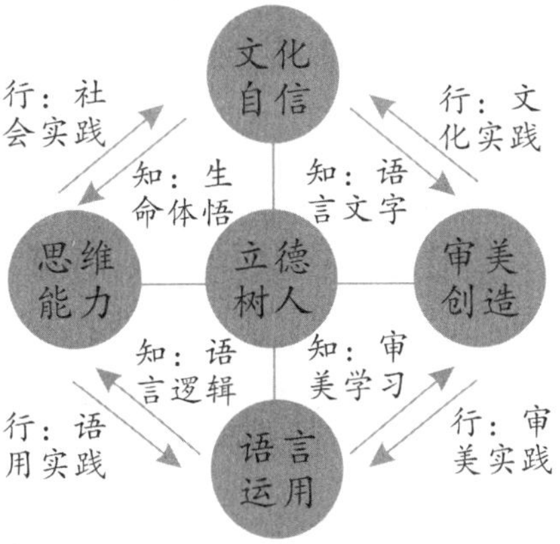

以解决实际问题为核心的实践操作能力，凸显语文学科的本质及内在逻辑，从过去零星的、局部的、简单的、表层的“坐而论道”，到强调整体的、融合的学科实践；从“先记住知识，再提高能力”转向“在解决问题中获得知识、发展能力”，做到知行合一。

因而，我所倡导的“知行语文”注重把相对枯燥的语文知识生活化、情境化、故事化、语用化，开展基于真实情境的、自主的、积极的语文探索与语文活动。语文是“认知—实践—再认知—再实践”的不断积累和迭代的过程。这个过程不是简单机械的重复，而是“知”与“行”的融合。

可以说，在我十余年来的教研实践中，特别是有了广东省基础教育教研基地（东莞）语文学科基地平台后，我与团队一起逐步开展“知行语文”的理论建设和实践探索，逐步搭建“全员进阶”的初中语文教师职业生涯发展平台，启动了信息技术赋能语文教学的研究，在一定程度上规范和引领了课程教学中教与学的行为。

三、不断探索的语文教研

2010 年，我从中学语文教学一线进入东莞市教育局教研室，从事初中语文教育、教学、教研工作。在十数年的教研员岗位上，我对初中语文教学、教研，从“一知半解”到逐渐有了自己的一些感悟，有了一定的研究与实践。

以往在中学课堂一线时，我主要把课上好、让学生喜欢我和我的语文课、最终学生成绩考得好就可以了；而在初中语文教研工作中，我还要知晓“所以然”才行：怎样把课上好、怎样才能让学生喜欢语文课、如何才能提高语文教学的效率、如何带团队……我的恩师马新民老师在我踏上教研工作岗位上时，常常叮嘱我：教研活动要让老师们有收获，教研主题要高位切入形成教研体系，教学研究要讲学理；朱河清老师语重心长地提醒我：要贴近一线好好钻研，要有教研课程意识，要认真研究固化成果……

得益于师长与前辈们的鼓励与厚爱，我在自己教研“半瓶水”的咣当咣当中，一路虽“蹒跚”但前行。在学习、实践、分享、上课、讲座的过程中，我慢慢把自己的心得和理解记录下来。尤其是近三四年，我按照自己的顶层规划，逐渐积累了一些文章。这些文章的撰写，我没有再像以往那样“东一榔头西一棒槌”，而是聚焦顶层设计：一个点接着一个点地研究，一个问题接着一个问题地解决……

几年下来，我一直想把这些浅陋不太成体系，但又饱含了我研究心血的文章结集出版。只是，一直没有契机。这次，借力省教研基地这一独特的平台，我得以把这些文章与研究成果固化下来。收进本书的有些是已发表的文章，有的增加了发表时因报刊篇幅需要而删改的内容；有的也做了些修改，比如删除了原文的摘要、关键词等；有的因为数据统计的与时俱进需要做了些完善；还有一些，没来得及投稿发表，在此一并收录。上述构成了本书的基本篇章。

限于本人的研究格局与水平，同时因为我也还缺少更深入、细致、科学的研究，整个内容仍然肤浅单薄，思考也不是很透彻、很成熟，阐述得不是很充分。不过，本着追求理性分析的语文教学实证研究的初衷和对教学研究、学理和数据的执着，我努力去接近语文教学规律，努力去做客观、真实、准确的研究与教学实践，同时，我也就借此机会把个人的探索和带领团队建设“广东省基础教育学科教研基地”的成果呈上，敬请方家、同仁们批评指正。

刘　巍

2022 年 6 月于松山湖

目录

第一章　浅易文言文教学探索

第二章　整体性读写教学探索

第一章

浅易文言文教学探索

第 1 节

初中文言常用实词确定的研究

一、问题的提出

文言实词，是指古代汉语词类中含有实际意义（词汇意义和语法意义）的、能单独充当句子成分的词。本文所述之初中文言常用实词，是指初中阶段以统编教材文言文为主（兼顾近年各地中考试卷）筛选的、适合初中教与学实际的、高频常用的单音节词。不能充当句子成分的虚词则不在本研究范围内。

从教的角度，初中文言文教与学的落点，应是也必定是文言实词的教学。科学、精准地明晰文言常用实词，对于文言文教学意义非凡；从学的角度，初中文言实词数量较小学猛增，词义渐趋复杂，用法呈现多样。如果在文言实词方面重视不够，所学不扎实，积累不充分、不连贯，势必影响学生对文言文的进一步理解，影响后续高中阶段相对更复杂的文言文学习。

正本溯源，文言文是用文言书写而成的文本，其教学之本源，在于厘清文言常用实词。唯有解决文言实词到底教 / 学什么的问题，之后的怎么教 / 学才会更有意义和价值。因而，本文指向的不是为什么要教 / 学文言文和常用实词，以及怎么更好教 / 学文言文和常用实词，而是基于大数据的分析，依据统编教材，对实词进行科学、有序地统计、筛选、规划和明确，弥补以往初中文言文教学对文言实词方面研究的不足，力求从本源上探寻常用实词教学教什么的问题。

二、文言实词研究的现状分析

一是研究领域的稀缺性。就教学与研究现状而言，大家更多从“文”的角度入手，较少从“言”的角度关注教什么；即使关注“言”，更多也是关注怎么教实词，较少关注该教什么实词、该积累什么实词……要么主观忽视“言”，要么因为“言”更艰于前行而忽略或回避。另外，课外文言文的学习，更多的也是从“文”——主题、专题、章法等角度，没有也无法从“言”的角度拓展。

二是教学内容的不确定性。关于“言”的内容，不少教师也意识到需要开展教学。但对于整个初中阶段而言，究竟哪些是最基础的常用实词？哪些应该要重点掌握，哪些仅须了解即可？哪些是在此阶段学，哪些又是要放在下一阶段？到底需要掌握多少文言常用实词才适宜：既达标、过关，又不过多增加学生的负担？……这些问题，全凭教师的主观经验，无相对科学的标准与依据。学界也并没有科学的初中文言常用实词的规定。目前主要有上海明确规定的初中150个常用实词。不过，上海是怎么确定的？其依据是什么？它是如何划分到每一册甚至是每一课的学习中去的？另外，初中要求掌握的词语竟然比高中的120个还多，是否过度增加了学生的负担？……诸如此类问题，目前都不是很明朗，也无一科学合理之解释。

三是文言词语教学的功利性。一线教师更多地着眼于“考什么”和“如何应对”，而不着眼于“能力”和“素养”。教师用力虽多，但企图“短平快”、走“捷径”，没有从规律上真正把握教什么。正如王荣生教授提醒的一样，“文言文字词句的处理原则：放过、突出、深入、分离”，我们如果每一个都不“放过”，凡是课后注释，一律要求背诵过关，长此以往，师生见到文言文特别是实词必然头疼：学生学得辛苦，教师教成鸡肋。

综上所述，针对初中文言文教学的研究，有的是从教法角度，有的是从阅读编写角度，有的是从文化的角度……不一而足，大都是从“文”的角度来解决“文”“言”的问题。如果文言文常用实词教什么不确定，势必会影响到教与学的效果，如同无的放矢，没有抓住教学要害，事倍而功半。

三、研究探索

在确定哪些是文言常用实词时，需要考虑的总原则，就是学习的起点问题：一是学生现有水平，即学习哪些文言实词而不会导致与原有知识脱节，这是学习的现实起点；二是学生在本阶段应该要学习哪些文言实词，才不致影响其读懂，也不过重增加其负担，这是学习的逻辑起点。

基于这样的认识，笔者依托统计软件程序，对现行统编教材的文言文篇目、上海中考考纲规定的150个常用实词、全国高考考纲规定的120个常用实词、近六年(2014—2019年）全国主要地区中考课内外文言文考查的实词进行了统计、筛选和分析，从中确定适合初中阶段教与学的文言常用实词。

（一）基于现行统编教材的数据统计

笔者将现行统编教材7—9年级的主要文言文篇目（《木兰诗》和《卖炭翁》也纳入统计，《送东阳马生序》采用全篇）整合在一起，计8759个汉字（标点除外，电脑采样的数据略有出入）。运用统计软件，根据词语出现频率的高低，筛选出相对高频的文言词语305个，见表1。

表1　统编教材7—9年级文言文篇目实词统计表

（总字数8759个，本表呈现相对高频305个）

词语	出现次数	百分比	词语	出现次数	百分比	词语	出现次数	百分比
人	104	1.19%	何	31	0.35%	见	20	0.23%
有	88	1.00%	里	31	0.35%	时	20	0.23%
子	86	0.98%	学	30	0.34%	太	20	0.23%
中	60	0.69%	十	29	0.33%	问	20	0.23%
一	57	0.65%	臣	28	0.32%	安	19	0.22%
天	44	0.50%	二	28	0.32%	百	19	0.22%
下	43	0.49%	后	27	0.31%	出	19	0.22%
知	42	0.48%	将	27	0.31%	从	19	0.22%
可	40	0.46%	君	27	0.31%	帝	19	0.22%
山	39	0.45%	至	27	0.31%	非	19	0.22%
能	38	0.43%	自	26	0.30%	如	19	0.22%
上	37	0.42%	石	26	0.30%	地	18	0.21%
是	37	0.42%	王	25	0.29%	美	18	0.21%
大	36	0.41%	先	25	0.29%	南	18	0.21%
军	36	0.41%	生	24	0.27%	入	18	0.21%
得	35	0.40%	水	24	0.27%	吾	18	0.21%
我	35	0.40%	欲	24	0.27%	心	18	0.21%
乐	34	0.39%	故	23	0.26%	忧	18	0.21%
日	34	0.39%	来	23	0.26%	鱼	18	0.21%
公	32	0.37%	年	23	0.26%	陵	17	0.19%
行	32	0.37%	千	22	0.25%	马	17	0.19%
闻	32	0.37%	三	22	0.25%	食	17	0.19%

（续表）

词语	出现次数	百分比	词语	出现次数	百分比	词语	出现次数	百分比
手	17	0.19%	求	13	0.15%	世	10	0.11%
书	17	0.19%	色	13	0.15%	遂	10	0.11%
小	17	0.19%	身	13	0.15%	唐	10	0.11%
远	17	0.19%	四	13	0.15%	亡	10	0.11%
在	17	0.19%	亭	13	0.15%	翁	10	0.11%
长	17	0.19%	往	13	0.15%	贤	10	0.11%
左	17	0.19%	五	13	0.15%	乡	10	0.11%
必	16	0.18%	言	13	0.15%	尝	9	0.10%
道	16	0.18%	游	13	0.15%	处	9	0.10%
门	16	0.18%	朝	12	0.14%	独	9	0.10%
女	16	0.18%	当	12	0.14%	多	9	0.10%
去	16	0.18%	云	12	0.14%	方	9	0.10%
使	16	0.18%	战	12	0.14%	归	9	0.10%
守	16	0.18%	对	11	0.13%	国	9	0.10%
外	16	0.18%	寡	11	0.13%	湖	9	0.10%
相	16	0.18%	家	11	0.13%	及	9	0.10%
又	16	0.18%	木	11	0.13%	绝	9	0.10%
右	16	0.18%	妻	11	0.13%	礼	9	0.10%
今	15	0.17%	事	11	0.13%	林	9	0.10%
两	15	0.17%	文	11	0.13%	论	9	0.10%
士	15	0.17%	直	11	0.13%	齐	9	0.10%
阳	15	0.17%	舟	11	0.13%	气	9	0.10%
衣	15	0.17%	足	11	0.13%	前	9	0.10%
月	15	0.17%	坐	11	0.13%	深	9	0.10%
志	15	0.17%	白	10	0.11%	市	9	0.10%
北	14	0.16%	东	10	0.11%	视	9	0.10%
复	14	0.16%	记	10	0.11%	室	9	0.10%
间	14	0.16%	卷	10	0.11%	数	9	0.10%
受	14	0.16%	客	10	0.11%	孙	9	0.10%
死	14	0.16%	流	10	0.11%	通	9	0.10%
徐	14	0.16%	名	10	0.11%	同	9	0.10%
高	13	0.15%	命	10	0.11%	修	9	0.10%
河	13	0.15%	秦	10	0.11%	雪	9	0.10%
居	13	0.15%	善	10	0.11%	元	9	0.10%
狼	13	0.15%	舍	10	0.11%	竹	9	0.10%
明	13	0.15%	声	10	0.11%	作	9	0.10%
怒	13	0.15%	师	10	0.11%	爱	8	0.09%

（续表）

词语	出现次数	百分比	词语	出现次数	百分比	词语	出现次数	百分比
成	8	0.09%	汉	7	0.08%	驰	6	0.07%
尔	8	0.09%	花	7	0.08%	传	6	0.07%
发	8	0.09%	惠	7	0.08%	船	6	0.07%
风	8	0.09%	积	7	0.08%	春	6	0.07%
敢	8	0.09%	久	7	0.08%	辞	6	0.07%
光	8	0.09%	开	7	0.08%	德	6	0.07%
寒	8	0.09%	空	7	0.08%	恶	6	0.07%
患	8	0.09%	劳	7	0.08%	儿	6	0.07%
黄	8	0.09%	临	7	0.08%	分	6	0.07%
酒	8	0.09%	民	7	0.08%	峰	6	0.07%
睢	8	0.09%	冥	7	0.08%	骨	6	0.07%
乱	8	0.09%	暮	7	0.08%	固	6	0.07%
蒙	8	0.09%	七	7	0.08%	刿	6	0.07%
鸣	8	0.09%	妾	7	0.08%	回	6	0.07%
鸟	8	0.09%	请	7	0.08%	级	6	0.07%
清	8	0.09%	思	7	0.08%	交	6	0.07%
穷	8	0.09%	肃	7	0.08%	尽	6	0.07%
说	8	0.09%	望	7	0.08%	井	6	0.07%
炭	8	0.09%	向	7	0.08%	九	6	0.07%
万	8	0.09%	晓	7	0.08%	举	6	0.07%
西	8	0.09%	笑	7	0.08%	口	6	0.07%
性	8	0.09%	信	7	0.08%	兰	6	0.07%
夜	8	0.09%	兴	7	0.08%	理	6	0.07%
宜	8	0.09%	爷	7	0.08%	力	6	0.07%
意	8	0.09%	异	7	0.08%	六	6	0.07%
止	8	0.09%	易	7	0.08%	孟	6	0.07%
忠	8	0.09%	益	7	0.08%	莫	6	0.07%
转	8	0.09%	用	7	0.08%	谋	6	0.07%
岸	7	0.08%	庄	7	0.08%	内	6	0.07%
八	7	0.08%	醉	7	0.08%	期	6	0.07%
陛	7	0.08%	布	6	0.07%	亲	6	0.07%
称	7	0.08%	步	6	0.07%	青	6	0.07%
但	7	0.08%	才	6	0.07%	丘	6	0.07%
各	7	0.08%	册	6	0.07%	驱	6	0.07%
宫	7	0.08%	曾	6	0.07%	泉	6	0.07%
观	7	0.08%	常	6	0.07%	射	6	0.07%
过	7	0.08%	车	6	0.07%	神	6	0.07%

（续表）

词语	出现次数	百分比	词语	出现次数	百分比	词语	出现次数	百分比
侍	6	0.07%	息	6	0.07%	友	6	0.07%
属	6	0.07%	许	6	0.07%	愚	6	0.07%
树	6	0.07%	义	6	0.07%	愿	6	0.07%
潭	6	0.07%	阴	6	0.07%	丈	6	0.07%
头	6	0.07%	饮	6	0.07%	正	6	0.07%
屠	6	0.07%	影	6	0.07%			

基于表 1 的数据：

1. 没有列出虚词

实际上，虚词出现的频率是较高的："之"（294 次）、"而"（142 次）、"也"（140 次）、"者"（115 次）……均排在前列，这与虚词教学的经验是高度吻合的，本文不赘述。"之""为"也有作动词的情况，本文统一放在虚词范畴。

2. 关注教学价值

有的虽是高频率词，但不一定就有很高的教学价值，只能说明该词常见、常用，如"人"（104 次）、"有"（88 次）、"子"（86 次）……因为其义项掌握起来并无困难；一些专有名词，如"山"（39 次）、"臣"（28 次）、"狼"（13 次）等，如表方位的"中"（60 次）、"下"（43 次）等，如表时间的"日"（34 次）、"年"（23 次）等，如数词"一"（57 次）、"二"（28 次）、"四"（13 次）等，其教学价值也不是很大。就是说，关注频率，更关注教学价值。

3. 不完全呈现

还有 1330 个词，出现 1—5 次，限于篇幅，这里不一一列举。

（二）基于上海初中语文之规定的统计

在收集整理研究中，笔者也发现上海市对初中文言实词有规定，《2016 年上海市初中语文课程终结性评价指南》中，就规定了 150 个文言实词：

比鄙兵病察　彻乘从当道　得定伐犯方　负赋更故顾　观归过好号　还会患及极
计济加假间　简见竭尽进　居举具俱聚　遽决绝类临　虑论漫明名　命谋难平戚
启强窃请穷　求取去全任　入善少舍涉　生胜师施实　食使释市恃　属说素汤亡
为务徙狭鲜　向效信行形　兴修徐许寻　业遗贻夷异　易诣益阴引　盈余狱御缘
远云章知止　志致质众专　走足卒作坐

布衣　菲薄　间隔　交通　节目　绝境　其实　阡陌　亲戚　驱驰　问津　无论　牺牲　鸿儒　白丁

上海的规定，让初中文言实词教学有了明晰具体的内容：单音节词 135 个、双音节词 15 个（本文不作研究），终使教学有“法”可依。不过，其仅按现代汉语拼音的顺序呈现，并没有具体划分到哪个年级、哪个阶段学习，且实词的数量比较多，学习、积累、记忆、运用起来有一定难度。

（三）基于高中文言文教学之规定的统计

让我们将目光投向高中，高中语文要求掌握的必备文言常用实词为 120 个。具体如下：

爱安被倍本　鄙兵病察朝　曾乘诚除辞　从殆当道得　度非复负盖　故顾固归国　过何恨胡患　或疾及即既　假间见解就　举绝堪克类　怜弥莫乃内　期奇迁请穷　去劝却如若　善少涉胜识　使是适书孰　属数率说私　素汤涕徒亡　王望恶微悉　相谢信兴行　幸修徐许阳　要宜遗贻易　阴右再造知　致质治诸贼　族卒走左坐

高中的实词，是否可以直接照搬到初中值得思考。同样，高中也并没有做进一步的分层和有序规划。

（四）基于近六年各地中考文言实词考查的数据统计

笔者收集了近六年全国大部分地区中考课内外文言文，其中，2014 年 94 篇、2015 年 112 篇、2016 年 97 篇、2017 年 82 篇、2018 年 84 篇、2019 年 46 篇，共计 515 篇。经过对所考查文言实词的整理，这 515 篇文言文共考查（选择或填空）的实词 2220 个左右（为更直观，没有统计文章的字数），平均每篇考查约 4.31 个实词。运用统计软件，根据词语出现频率的高低，筛选出相对高频的文言词语 240 个，见表 2。

表 2　近六年各地中考文言实词考查的数据统计表

（总字数 2220 个左右，本表呈现相对高频 240 个）

词语	出现次数	百分比	词语	出现次数	百分比	词语	出现次数	百分比
故	34	1.53%	是	27	1.22%	属	21	0.95%
间	33	1.49%	绝	26	1.17%	益	21	0.95%
去	33	1.49%	闻	22	0.99%	亡	20	0.90%
名	27	1.22%	见	21	0.95%	谢	20	0.90%

（续表）

词语	出现次数	百分比	词语	出现次数	百分比	词语	出现次数	百分比
许	20	0.90%	徧	10	0.45%	若	8	0.36%
数	19	0.86%	反	10	0.45%	胜	8	0.36%
善	17	0.77%	拂	10	0.45%	寻	8	0.36%
被	16	0.72%	景	10	0.45%	要	8	0.36%
私	16	0.72%	具	10	0.45%	易	8	0.36%
谓	16	0.72%	阙	10	0.45%	引	8	0.36%
信	16	0.72%	孰	10	0.45%	语	8	0.36%
鄙	15	0.68%	走	10	0.45%	卒	8	0.36%
归	15	0.68%	陈	9	0.41%	蔽	7	0.32%
过	15	0.68%	度	9	0.41%	策	7	0.32%
及	15	0.68%	发	9	0.41%	得	7	0.32%
使	15	0.68%	福	9	0.41%	服	7	0.32%
异	15	0.68%	行	9	0.41%	负	7	0.32%
方	14	0.63%	居	9	0.41%	鼓	7	0.32%
国	14	0.63%	可	9	0.41%	观	7	0.32%
食	14	0.63%	期	9	0.41%	患	7	0.32%
书	14	0.63%	素	9	0.41%	劳	7	0.32%
周	13	0.59%	一	9	0.41%	清	7	0.32%
会	13	0.59%	遗	9	0.41%	市	7	0.32%
举	13	0.59%	至	9	0.41%	溯	7	0.32%
狱	13	0.59%	安	8	0.36%	望	7	0.32%
尝	12	0.54%	比	8	0.36%	修	7	0.32%
顾	12	0.54%	毕	8	0.36%	诣	7	0.32%
将	12	0.54%	诚	8	0.36%	止	7	0.32%
悉	12	0.54%	辞	8	0.36%	足	7	0.32%
自	12	0.54%	从	8	0.36%	薄	6	0.27%
就	11	0.50%	恶	8	0.36%	和	6	0.27%
乐	11	0.50%	股	8	0.36%	既	6	0.27%
临	11	0.50%	衡	8	0.36%	念	6	0.27%
鲜	11	0.50%	尽	8	0.36%	穷	6	0.27%
奔	10	0.45%	利	8	0.36%	色	6	0.27%

（续表）

词语	出现次数	百分比	词语	出现次数	百分比	词语	出现次数	百分比
上	6	0.27%	湮	5	0.23%	面	4	0.18%
尚	6	0.27%	腰	5	0.23%	迁	4	0.18%
少	6	0.27%	阴	5	0.23%	遣	4	0.18%
生	6	0.27%	盈	5	0.23%	师	4	0.18%
通	6	0.27%	游	5	0.23%	始	4	0.18%
微	6	0.27%	远	5	0.23%	斯	4	0.18%
相	6	0.27%	造	5	0.23%	涕	4	0.18%
延	6	0.27%	辄	5	0.23%	委	4	0.18%
意	6	0.27%	知	5	0.23%	文	4	0.18%
喻	6	0.27%	植	5	0.23%	问	4	0.18%
再	6	0.27%	志	5	0.23%	下	4	0.18%
作	6	0.27%	谤	4	0.18%	乡	4	0.18%
白	5	0.23%	敝	4	0.18%	徐	4	0.18%
备	5	0.23%	兵	4	0.18%	阳	4	0.18%
病	5	0.23%	测	4	0.18%	雨	4	0.18%
道	5	0.23%	曾	4	0.18%	域	4	0.18%
躬	5	0.23%	朝	4	0.18%	欲	4	0.18%
苟	5	0.23%	称	4	0.18%	质	4	0.18%
好	5	0.23%	出	4	0.18%	致	4	0.18%
极	5	0.23%	次	4	0.18%	置	4	0.18%
加	5	0.23%	刺	4	0.18%	咨	4	0.18%
谋	5	0.23%	独	4	0.18%	暴	3	0.14%
求	5	0.23%	伐	4	0.18%	北	3	0.14%
日	5	0.23%	觥	4	0.18%	本	3	0.14%
舍	5	0.23%	规	4	0.18%	并	3	0.14%
实	5	0.23%	即	4	0.18%	池	3	0.14%
适	5	0.23%	疾	4	0.18%	臭	3	0.14%
说	5	0.23%	俱	4	0.18%	辍	3	0.14%
汤	5	0.23%	开	4	0.18%	斗	3	0.14%
西	5	0.23%	客	4	0.18%	蕃	3	0.14%
秀	5	0.23%	苦	4	0.18%	凡	3	0.14%

（续表）

词语	出现次数	百分比	词语	出现次数	百分比	词语	出现次数	百分比
伏	3	0.14%	茗	3	0.14%	衣	3	0.14%
更	3	0.14%	能	3	0.14%	宜	3	0.14%
光	3	0.14%	圮	3	0.14%	贻	3	0.14%
恨	3	0.14%	请	3	0.14%	逾	3	0.14%
环	3	0.14%	秋	3	0.14%	谕	3	0.14%
计	3	0.14%	任	3	0.14%	寓	3	0.14%
甲	3	0.14%	夙	3	0.14%	援	3	0.14%
竟	3	0.14%	所	3	0.14%	缘	3	0.14%
卷	3	0.14%	颓	3	0.14%	愿	3	0.14%
克	3	0.14%	咸	3	0.14%	愠	3	0.14%
戾	3	0.14%	向	3	0.14%	彰	3	0.14%
冽	3	0.14%	休	3	0.14%	值	3	0.14%
慢	3	0.14%	言	3	0.14%	濯	3	0.14%
靡	3	0.14%	沿	3	0.14%	坐	3	0.14%

基于表 2 的数据：

1. 不完全呈现

只统计了出现 3 次及以上的实词，共 240 个。限于篇幅，只出现 1—2 次的共 352 个实词，这里没有一一列举。2019 年各地试卷找得不够全，但也较有代表性。

2. 不同视角观察

笔者分析各地试卷出现的高频实词，试图从考试评价的角度，来观察和筛选文言实词，并以之作为确定常用实词的重要依据。

四、研究分析

基于“有教学价值”“比对印证参考”“以教材高频为主，兼顾试题高频”的思路，笔者对统编教材文言文、上海中考 150 个实词、高考 120 个实词、全国近年各地中考高频考点等数据，作了精确的筛选和分析：

（一）常用实词分析

经过比较分析“高考要求”“上海中考考纲”“教材高频”“试题高频”这四块数据，

下列 46 个词全部重合。这块占高考考纲规定常用实词（120 个）的 38.3%，占上海中考考纲规定常用单音节词（135 个）的 34.1%，占教材高频词（出现次数 6 次及以上、不含虚词，共 305 个）的 15.1%，占试题高频词（240 个）的 19.2%，如下：

鄙兵病察乘　从当道得负　故顾归过及　假间见举绝　类请穷去善　少涉胜属说

素汤亡信修　徐许遗贻阴　知致质卒走　坐

其中，“病、类、涉、汤、徐、贻、质、卒”这 8 个加点词虽然也是高度重合，但是：病（教材 1 次、考试 5 次）、类（教材 1 次、考试 2 次）、涉（教材 1 次、考试 0 次）、卒（教材 1 次、考试 8 次）、汤（教材 3 次、考试 5 次，义项过于单一）、徐（教材 14 次、考试 4 次，义项过于单一）、贻（教材 1 次、考试 3 次）、质（教材 2 次、考试 4 次，义项过于单一），或考查较少，或义项过于单一，基于这些分析，我们删除这 8 个加点词。

在统计中，笔者又发现“乐、自、发、乱”这 4 个词义项丰富，虽然高考与上海中考均未涉及，但是：乐（教材 34 次、考试 11 次）、自（教材 26 次、考试 12 次）、发（教材 8 次、考试 9 次）、乱（教材 8 次、考试 1 次）这四个词属于高频、常见词语。基于这样的数据，笔者补充这 4 个词为常用实词，最终确认最基础常用实词为 42 个，如下：

鄙兵察乘从　当道得发负　故顾归过及　假间见举绝　乐乱请穷去　少善胜属说

素亡信修许　遗阴知致走　坐自

（二）次常用实词分析

1. 与高考、教材高频、试题高频相比较，下列 26 个词全部重合，但没有出现在上海中考考纲中，因而笔者视之为比较基础的次常用实词。这块占高考考纲规定常用实词的 21.7%，占教材高频词的 8.5%，占试题高频词的 10.8%，如下：

安备本曾朝　诚辞复固患　即疾率期奇　如若是书孰　数私徒悉相　谢

2. 与上海中考考纲、教材高频、试题高频相比较，下列 17 个词全部重合，但没有出现在高考 120 个实词中，因而，我们也将之归为比较基础的次常用实词。这部分占上海中考考纲的 12.6%，占教材高频词的 5.57%，占试题高频词的 7.1%，如下：

方观居临谋　求取舍食使　通异易益志　足作

3. 在统计中，笔者发现“闻、行、谓、意”这 4 个词，义项不够丰富，且高考与上海中考也均未涉及，但是：闻（教材32次、考试22次）、行（教材32次、考试9次）、谓（教材17次、考试16次）、意（教材8次，考试6次）这四个词属于高频词语。基于这样的数据，我们补充这4个词为次常用实词。

为此，笔者最终确认次常用实词为48个，如下：

安备本曾朝　诚辞方复固　观患即疾居　临率谋期奇　求取如若舍

食使是时书　孰数私通徒　谓闻悉相谢　行异易意益　志足作

综合上面的分析，笔者以表格汇总方式呈现，见表3。

表3　基于数据分析的初中文言常用实词统计表

（90个：42+48）

分　类	具体实词
常用实词（42个）	鄙兵察乘从　当道得发负　故顾归过及　假间见举绝　乐乱请穷去 少善胜属说　素亡信修许　遗阴知致走　坐自
次常用实词（48个）	安备本曾朝　诚辞方复固　观患即疾居　临率谋期奇　求取如若舍 食使是时书　孰数私通徒　谓闻悉相谢　行异易意益　志足作

基于以上数据分析，来自高中规定的常用实词共64个，占高中规定总额（120个）的53.3%，占规划总数（90个）的71.1%；来自上海中考考纲的常用实词共55个，占上海中考（135个）的40.7%，占规划总数（90个）的61.1%。由此可见，不论高中规定还是上海中考规定，均有超过规划总数六成的词在初中使用频率较高。这也充分说明了它们的信度较高，当初制定较为科学合理，首创价值明显。

五、研究规划

为了进一步方便教学与评价，笔者依据“出现优先、由浅入深、由易到难、由少到多、学段均衡”的指导思想，将这90个常用、次常用实词，尽量科学、试图合理地分配至每个学段，直接与课文对接，将之确定为各篇文言文的实词教学的核心目标，其中，七年级分配有30个常用实词，八年级有35个常用实词，九年级有26个常用实词。

具体如表4。

表4　初中文言常用实词规划分配表

（90个）

册	篇目	核心目标
七上（15）	8.《〈世说新语〉二则》	顾、去、舍、是
	12.《〈论语〉十二章》	故、说、行、志
	16.《诫子书》	穷、书
	20.《狼》	少、方、意
	24.《寓言四则》（《穿井得一人》《杞人忧天》）	求、亡
八上（19）	9.《三峡》	素、疾、异
	10.《短文两篇》	是
	11.《与朱元思书》	乘、从、负、若
	21.《〈孟子〉三章》	道、发、过、举
	22.《愚公移山》	许、阴、曾、固
	23.《周亚夫军细柳》	兵、善
九上（8）	9.《岳阳楼记》	胜、备
	10.《醉翁亭记》	归、间、乐、临
	11.《湖心亭看雪》	及、绝
七下（15）	4.《孙权劝学》	辞、即、孰、谓
	8.《木兰诗》	当、走、闻
	12.《卖油翁》	知、安、取
	16.《短文两篇》	乱、观、通
	25.《活板》	自、如
八下（16）	9.《桃花源记》	复、率、数、悉
	10.《小石潭记》	见、居
	11.《核舟记》	属、名
	21.《〈庄子〉二则》	请、相
	22.《〈礼记〉二则》	修、谋、作
	23.《马说》	食、足
	24.《卖炭翁》	得
九下（18）	9.《鱼我所欲也》	患
	10.《唐雎不辱使命》	徒、谢、易
	11.《送东阳马生序》	假、致、坐
	20.《曹刿论战》	鄙、察、信
	21.《邹忌讽齐王纳谏》	朝、期、私
	22.《陈涉世家》	诚、使
	23.《出师表》	遗、本、益

规划、整理的原则：

1.科学性原则

在分配词语时，注意三个年段的均衡，注意到词语在某篇里出现的频率，注意词语最早出现的顺序，还兼顾到词义易难的循序渐进。

2.适切性原则

词语分配要关注学情，注意螺旋式上升，适度、适切、有序、渐进式叠加。每课分配的词语，一是常用、次常用顺序优先。如《醉翁亭记》的四个实词，其中“归间乐”是常用实词、“临”为次常用实词，所以呈现的顺序是“归间乐临”。二是兼顾音序。同一类别按音序排，方便查对总表。三是尽量不过多增加学生负担，每课原则上分配不超过4个基本词语。

3. 联系性原则

常用、次常用实词的划分，只是为了方便教学与评价更加有的放矢、方便积累，并非人为阻隔彼此有机的联系。

笔者在这几年的研究中，秉持用数据说话的原则，使研究尽量避免主观臆断。总体而言，是希望方便教学，使教学有法可依；方便评价，使评价有例可循。系列研究还在路上，不当之处，敬请批评指正。

（原文题目为《基于大数据分析的初中文言常用实词确定的研究》，发表于2020年6月的《课程教学研究》，结集成书时题目与内容略有删改。）

第2节

初中课外浅易文言文选文标准的探索

文言文，是中华传统文化的瑰宝，是传统美德的结晶。学好文言文，对于塑造初中生健全的人格，培养高雅的审美情趣，养成勤奋上进的儒雅文化气度是不可或缺的。若没有最基本的文言阅读理解能力，也谈不上应有的语文素养与相关语言能力。

一、研究起点：不容乐观的初中课外文言文现状

1. 从已有出版成果来看

市面上虽不乏相关书籍和材料，但良莠不齐：要么目标泛滥，东拼西凑，缺乏信度；要么看似“高大全”“眉毛胡子一把抓”，靠题海来掩盖其精准的不足，徒增负担，缺乏效度；要么是普遍性的东西，见“文”不见“言”，且又不是初中专用，针对性不够，缺乏精准度……缺乏科学精准、编排合理的初中课外文言文学习材料。

2. 从教与学层面来看

学生学习文言文“味同嚼蜡”，无处着力，不知该读哪些内容来提高阅读能力与水平；教师也是“巧妇难为无米之炊”，要么不知提供什么适宜材料给学生，要么直接硬塞给学生深、难、长、涩的文章。我们也曾努力推荐如《世说新语》《聊斋志异》等书充当课外读物。但在实践中，我们发现《世说新语》中有些篇目，时代背景太强、人物繁多，学生缺乏相应的文化和背景知识等，阅读难度较大；《聊斋志异》中，也有些内容不适宜初中生阅读。

3. 从研究成果来看

各工具书将“浅易”基本表述为浅显易懂，《义务教育语文课程标准（2022年版）》有关初中阶段“浅易”文言文的表述，也仅仅是出现“浅易文言文”这一称谓，“浅易”

内涵语焉不详。对于“浅易文言文”的研究，较有代表性的有北师大张秋玲博士的《百年语文课程标准中的“浅易文言文”》，较为周密而细致地梳理了浅易文言文研究发展的一般性脉络。但均没有专门针对初中的论述。

学界目前通常认为，一篇文言文 “浅易” 与否主要取决于四个方面：一是文章中的词汇是否常用；二是文中所用语法句式是否常见；三是文中是否有许多典故及名物典章制度；四是文章的表达方式是否多以记叙为主。较课标与词典，这样的标准更为细致与准确。

不过，一是这个“标准”是经验所得还是实证结论？二是这个“标准”有针对性吗？是专门针对初中的？三是既曰“文章词汇是否常用”，那么哪些算是具体常用词汇？

可见，目前对初中浅易文言文的界定，不够清晰，也不够严谨；与之相应的选文标准也是模糊的。鲜有专门从统编教材、从服务和贴近初中生学情，开展课外浅易文言文选文标准的研究。

为此，本文力求研究的初中课外浅易文言文是指适合初中生课外自主学习的、与课内大体同步的、浅显易懂的文言文。笔者试图就初中课外浅易文言文选文的标准，从以下三个方面展开探索：一是基于数据分析开启研究新视角，着眼研究的科学性；二是基于统编教材和近十年考试选文两个层面展开，着眼研究的系统性；三是基于课内重点文言实词确定、规划基础上，着眼依“言”选文、以“言”定文、“言”文一致的整体性。从而实现学生从“教”到“不需要教”的转变。

二、数据新分析：基于教材、基于评价

让我们将目光投向统编教材与近十年（2010—2019）的中考文言试题。为便于表述，本研究对教材的分析，更多地进行纵向比较；对十年的文言文试题，更多地进行横向分析。

（一）统编课内文言文选文统计与分析

笔者对教材进行了分类统计，相关数据见表1—表4。

表 1　课内文言文选篇统计

年级	项目					
	占文言文总篇数比	本年段字数/个	占文言文总字数比	平均每篇字数	教读课/篇	教读课占本册文言文比
七年级（12）	30.8%	2007	19.1%	167.3	12	100%
八年级（17）	43.6%	3715	35.4%	218.5	13	76.5%
九年级（10）	25.6%	4786	45.5%	478.6	7	70%
合计（39）		10 508		269.4	32	82.1%

表 2　课内文言文主题、体裁、表达方式统计

年级	项目		
	相关主题 / 内容	相关体裁	主要表达方式（有即统计）
七年级(12)	七上：生活、学习 七下：家国、人物	小说（志人、志怪、笔记）4、散文 3、寓言 2、语录 1、铭文 1、书信 1	叙述 9、议论 6、抒情 2、描写 4
八年级(17)	八上：山川风物、个人志趣 八下：情趣理趣、哲思情怀	散文（游记、纪传）6、论说文 6、小品文 2、寓言 1、书信 1、骈体文 1	叙述 9、议论 10、抒情 4、描写 11
九年级(10)	九上：精神家园 九下：智慧理性	散文 6、小品文 1、论说文 1、表 1、序 1	叙述 9、议论 8、抒情 5、描写 9

表 3　课内文言文出处统计

年　级	出处
七年级（12）	《世说新语》《论语》《诸葛亮集》《聊斋志异》《吕氏春秋》《列子》《资治通鉴》《归田录》《刘禹锡集》《周敦颐集》《阅微草堂笔记》
八年级（17）	《水经注校注》《全梁书》《苏轼文集》《吴均集校注》《孟子译注》《列子》《史记》《陶渊明集》《柳河东集》《虞初新志》《庄子集译》《礼记》《韩昌黎文集校注》
九年级（10）	《范仲淹全集》《欧阳修全集》《陶庵梦忆》《孟子译注》《战国策》《宋濂全集》《左传》《诸葛亮集》《史记》

表 4　课内文言文年代统计

年级	项目							
	春秋战国	北宋	西汉	南北朝	清朝	唐朝	魏晋	明朝
七年级（12）	3	3	0	2	2	1	1	0
八年级（17）	6	1	3	3	0	2	1	1
九年级（10）	2	2	3	0	1	0	1	1
数量（39）	11	6	6	5	3	3	3	2
占比	28.2%	15.4%	15.4%	12.8%	7.7%	7.7%	7.7%	5.1%

表 4 说明：为方便统计，春秋与战国合称“春秋战国”，三国、两晋合称“魏晋”，南朝与北朝合称“南北朝”。表 6 亦然。

基于课内数据，分析如下：

1. 篇幅与课型编排上呈有序渐进、由浅入深的趋势

表 1 可以看出：一是篇幅上的渐进。年段字数逐年递增。单篇平均也呈渐进规律，三年平均 269.4 个字，说明二三百字的短文应该是初中文言文学习的主流篇幅。二是课型上教读课占比渐减、自读课占比渐增。七年级学生对文言文尚不熟悉，主要设计为教读课。八、九年级慢慢叠加自读课型，层层递进，由易到难，让学生在教读课型学习到一定的知识和方法后，为进一步深入学习文言文打下基础。

2. 能力培养上呈现由低阶到高阶、由弱到强的变化

由表 2、表 3 可以看出：从相关体裁来看，七年级笔记小说居多，八、九年级散文、论说文居多；从表达方式上看，七年级以叙述为主，逐步过渡到八、九年级叙述、议论、描写等综合多种表达方式。表 3 中，《世说新语》《聊斋志异》《阅微草堂笔记》等故事性强、以叙述为主的作品出现在低年段，侧重在理解，能力层级为中低阶要求；而《战国策》《孟子译注》《左传》等论辩性较强、思维程度较高、议论式的作品出现在中高年段，侧重在思辨、欣赏与探究，能力层级为中高阶要求。这说明三个年段的编排，注意到学生的心理特点与认知发展水平，注意到能力由弱到强、思维由表及里、目标由浅入深、要求由易到难的特点。

3. 文化传承上凸显重要时代，时代远近不宜简单作为标准与依据

由表 2、表 3 可以看出：选文主题内容上凸显优秀传统文化的有机渗透与传承。

由七年级贴近个人生活、学习开始，到八年级关注自然、关注人文世界，到九年级关注精神家园、注重理性。如此安排，体现认知的规律，有利于提高学生的认识能力、鉴赏水平和审美情趣，使学生认识传统文化的博大精深，进而登文言之堂入文化之室。这说明三个年段编排，注意到了优秀传统文化的传承，注重家国情怀、社会关爱和人格修养的培养。

由表 4 纵向来看，春秋战国占比近三成，北宋、西汉、南北朝选文占比 10% 以上。说明，选文的时代与范围同古代文化发展是有关联的：文化越璀璨，学生获取的信息量越大、越熟悉，文章难度自然也就相对更低些；从表 4 横向来看，各年段选文在年代上跨度较大，很难单纯由此从时代角度得出年代越久文言文越难、年代越近文言文越易的结论。

（二）全国近十年（2010—2019）各地中考课外文言文选文统计与分析

笔者在力所能及的情况下，搜集整理统计了全国近十年中考课外文言文选文，见表 5—表 7。

表 5　全国十年各地中考课外文言文统计

（521 篇）

项目	年份									
	2010	2011	2012	2013	2014	2015	2016	2017	2018	2019
统计篇次数	33	62	59	58	55	48	43	46	56	61
表达方式：叙述	93.9%	95.2%	93.2%	86.2%	92.7%	85.4%	90.7%	84.8%	92.9%	86.9%
主要内容（事）	30.3%	54.8%	33.9%	36.2%	65.5%	50.0%	41.9%	30.4%	41.1%	37.7%
主要内容（人）	63.6%	43.5%	44.1%	37.9%	27.3%	35.4%	39.5%	58.7%	48.2%	37.7%
主要内容（理）	6.1%	1.6%	11.9%	19.0%	1.8%	10.4%	9.3%	6.5%	5.4%	4.9%
全国总字数	7063	12996	12554	12745	12350	11849	10880	11489	14381	17127
全国平均字数	214	209.6	212.8	219.7	224.5	246.9	253	249.8	256.8	280.8
广东省字数	194	191	207	151	195	164	127	163	183	140

表 5 说明：（1）有些地区考查了比较阅读，为便于次数统计，本表只计算 1 篇次。（2）表达方式只集中呈现了叙述，因其他相对零散。

表6 全国十年各地中考课外文言文年代统计（537篇）

项目	朝代										
	北宋	清朝	明朝	春秋战国	南北朝	西汉	唐朝	魏晋	元朝	东汉	南宋
呈现数量（520）	87	83	75	67	47	46	43	28	17	14	13
呈现占总比（96.8%）	16.2%	15.5%	14.0%	12.5%	8.8%	8.6%	8.0%	5.2%	3.2%	2.6%	2.4%

表6说明：（1）有些地区考查了比较阅读，为便于年代统计，本表分开统计，故总数为537篇次。表7亦然。（2）选文朝代出现在10次以下，如“五代”“隋朝”等时期，在此未呈现，故本表实际呈现数520篇次。

表7 全国十年各地中考课外文言文出处统计（537篇）

项目	书目									
	《史记》	《后汉书》	《三国志》《世说新语》	《资治通鉴》《宋史》	《战国策》	《韩非子》《汉书》	《吕氏春秋》《郁离子》《明史》	《列子》《晋书》	《贞观政要》《东坡志林》《梦溪笔谈》	《礼记》《旧唐书》《聊斋志异》《阅微草堂笔记》
各书出现次数	23	20	18	16	14	12	10	9	7	6
各书占比	4.28%	3.72%	3.35%	2.98%	2.61%	2.23%	1.86%	1.68%	1.30%	1.12%

表7说明：（1）出现5次及以下的，如《智囊全集》《雪涛小说》等，共有215篇，共出现295次，平均每篇出现1.37次，数据太琐碎，未呈现；（2）本表实际呈现21篇文、共出现242次，占出现总数的45.1%，每篇平均出现11.5次。

基于近十年课外文言文统计，笔者分析如下：

1. 命题者普遍比较青睐“叙述”这种表达方式

在统计的各种表达方式中，以叙述为主的表达方式，占绝对主导，最高的年份在 2011 年，占统计比 95.2%。即使较低的 2017 年，占比也达 84.8%（未包括夹叙夹议的 6.5%）。叙述以外的表达方式，主要是议论，其中，2015 年议论的有 5 篇，占 10.4%。这说明，命题者认同叙述为主的文言文是符合课标、符合学情与考情的。

2. 从考查的主要内容方面来看，重在叙事与写人

命题者基本上选用叙事或写人的文言文篇目，两者占比基本超 80%，有些年份甚至逾 90%。“说理”的比例也不低，2013 年有近 20%。相对而言，“物”“景”类等较少。这表明从内容角度展开选文标准探讨时，基本上还是要以叙事、写人为主，可适当兼顾说理，其他内容相对较少。

3. 从篇幅上来看，二三百字是主流区间

课内平均每篇 269.4 个字，课外平均每篇 236.9 个字，大致相当。十年间，从横向来看，课外文言文从 2010 年 214 个字，至 2019 年达 280.8 个字，总体渐升，大致在二三百字间。单看广东，十年平均为 171.5 个字，对应全国少了 65.4 个字，仅占全国的 72.4%。

4. 从选文年代、出处上来看，凸显了优秀传统文化与思想

中华文化源远流长，博大精深，从春秋战国时期逐渐形成，到了唐宋处于气度恢宏的鼎盛时期。表 6 的数据中表明，北宋、清、明、春秋战国时期选文在第一梯队，南北朝、汉、唐次之，大体符合中华文化发展轨迹，与教材选文时间相当；从表 7 的近十年选文书目的体裁与风格，可以看出《史记》等正史（纪传、编年、国别、政论等）是主力，《世说新语》《聊斋志异》《阅微草堂笔记》等文言短篇小说集，也颇得命题者青睐，其他如《韩非子》《吕氏春秋》《礼记》等展示了古代政治、哲学、教育、美学等思想，对优秀传统文化的传承、当下文化教育、语文素养的熏陶以及社会主义核心价值观养成，均有重要作用。可见，优秀传统文化因子不容忽视。

三、研究新视角：文言不能无“言”

以上分析，更多着眼于“文”。我们知道，文言文不应该仅有“文”，更应有“言”的特质。为此，笔者从大数据分析这一角度入手，寻找到新的研究视角：依“言”选文、以“言”定文、言文一致！这才是初中课外浅易文言文选文标准独有的定盘星和压舱石。

这样一来，又回到逻辑起点：“言”何在？“言”有哪些？

为解决这样的问题，笔者再次把目标投向本书第 1 节已经统筹确定的初中重点实词 90 个（常用 42、次常用 48），见表 8。

表 8　课内文言文重点实词规划分配表

项目年级	重点实词（共 90 个）（因篇幅，每篇文言实词的分配，详见拙作）
七年级 （29 个）	七上（13）：顾去舍故说行志穷书少方意亡 七下（16）：辞即孰谓当走闻知安取乱观通求如是
八年级 （35 个）	八上（19）：素自疾异奇乘从负若道发过举许阴曾固兵善 八下（16）：复率数悉见居属名请相修谋作食足得
九年级 （26 个）	九上（8）：胜备归间乐临及绝 九下（18）：患使徒谢易假致坐鄙察信遗本诚益朝期私

结合规划的这些实词，笔者在已筛选“文”的基础上，再进行“言”的二次筛选，力争“言”“文”一致。这一探索，让我们在开展选文标准的研究中，凸显了“言”的特质，避免了目标的泛滥，真正使得选文的“言”与“文”与课内大体一致，从源头上做到精确、精当，有的放矢，精准明确，避免了数量繁多的普通词及一些生僻字词大量出现、反复出现，徒增师生负担，进而得以进一步帮助学生了解古代语言文字，掌握赏析文言文主旨与思想，为文章的学习、文学的熏陶、文化的传承打下坚实的基础。

四、结论：初中课外浅易文言文选文标准的思考

基于以上探索，依据学理［《义务教育语文课程标准（2022年版）》］、学（学界共识）、教（课内文言文）和评（近十年中考文言文）四个维度，立足当下文言文教与学的实际，我们可以分析得出初中浅易文言文的特征和选文要思考、关注的几个要素：

1. 从选文内容与主题层面，要注重生活化、情境化和故事化

与统编教材大体同步展开选文，但又不拘泥于教材。方向有二：

从内容的角度来看，学生更感兴趣的、更熟悉的、生活气息较浓的、故事性较强的文章相对更为简易，专业性内容、典故、文学文化常识、专门类知识较少涉及的文章相对更为浅易。所以，初中三个年段在内容的选择上，要符合初中生学情特征与学

科必然要求，从核心素养的角度，注重传统文化传承、统筹文质兼美。从人格修养、家国情怀、社会关爱、责任担当层次展开。七年级可以更突出故事性，以叙事为主；八年级以人物形象丰富性为主；九年级则考虑相对更为抽象与陌生的内容，综合为主。

相对应的，则是开展横向的群文阅读。基于上文分析，笔者先后探索了以下五种方式开展群文主题——人物拓展式：课内主人公其他轶事的文言文；作家关联式：作者本人的相关风格、内容的文言文；主题延伸式：同课内文主旨、不同作者的文言文；溯源衍生式：依课文溯源的文言文，依课文影响、衍生的文言文；写作表达式：与课文文气、章法、写法等表达角度相关的文言文。

2. 从选文的主要表达方式层面，要重视叙述为主、兼顾议论

从文体和表达方式上来看，主要体现以叙述、描写为主要表达方式的文章，要比议论、说明等其他方式更为浅易。因而，笔者确定了七年级叙述为主，八年级叙述为主、兼顾其他，九年级叙述、议论等综合考虑的思路。

3. 从选文的篇幅层面，宜短不宜长

课内平均 269.4 字，全国近十年平均 236.9 字，广东近十年为 171.5 个字。因此，笔者确认选文在篇幅上的标准，宜在 150—300 字间。当然，这只是个大概，不必完全拘泥，尤其是初三，因为还涉及初高中的衔接。

4. 从选文篇目层面，充分考虑文化因素

立足表 3、表 7 的“出处”，经过验证与筛选，笔者综合上述三项，明确篇目方向：七年级达成基本目标，以《广笑府》《笑林广记》《念楼学短》《世说新语》《聊斋志异》《阅微草堂笔记》等志人、志怪、笔记短篇小说集、故事集为主；八、九年级达成发展目标，以记叙类《史记》《资治通鉴》《四库全书提要》等、论述类《孟子》《史通》、文法类《经传释词》等为主。

5. 从初中重点文言实词层面，进行二次对应筛选

以“依‘言’选文、以‘言’定文、言文一致”为指导，以课内规划的 90 个文言实词为支点，对前四项选定的文章进行二次筛选，选出“言”文一致的课外文言文，从而实现立德树人、传承优秀传统文化的目标，落实学科核心素养，培养学生高阶思维能力，真正做到课内辐射课外、课外滋养课内，学以致用、学用一体，各美其美、美美与共。

初中阶段的文言文学习，承上启下，意义重大。为了更精准、高效地展开选篇，确定科学、适宜的标准是非常有必要的。有了标准，课外文言文篇目的选定就有了依据，从而为进一步开展文言文教学和评价廓清了道路。

（原文题目为《基于大数据分析的初中课外浅易文言文选文标准的探索》，发表于 2021 年 1 月《语文月刊》，结集成书时题目与内容略有删改。）

第3节

初中课外浅易文言文篇目确定的研究

《完善中华优秀传统文化教育指导纲要》指出："初中阶段，以增强学生对中华优秀传统文化的理解力为重点，提高对中华优秀传统文化的认同度……阅读浅易文言文，注重积累、感悟和运用，提高欣赏品位。"中华优秀传统文化卷帙浩繁，适合初中生阅读的精彩篇章亦数不胜数。

只是，当下大部分研究也只是表面的星罗棋布、繁花满天，缺乏合宜的、科学严谨的研究探索，没有适切的、与初中同步的篇目呈现。若能将适宜的初中课外浅易文言文辑录出来，整合分类，缀百花于一枝，集群方于一卷，定能有效培养学生的文言文学习兴趣，增加学生的文言文阅读积累，提升学生的文言文阅读能力，拓宽学生的阅读视野。

那么，怎样的选文才算是初中课外浅易文言文？笔者在本书第2节分析确认了初中浅易文言文的选文标准（以下简称"选文标准"）：

（1）内容与主题要注重生活化、情境化和故事化；

（2）主要表达方式叙述为主、兼顾议论；

（3）篇幅150—300字为宜；

（4）篇目要充分考虑文化因素；

（5）依"言"（实词）选文、以"言"定文、"言"文一致。

只是，在实践中，这些选文标准该如何落实？初中各年段宜安排哪些具体篇目？这些篇目如何与课内对接？……本文将围绕这些问题就初中课外浅易文言文篇目的确定谈一点拙见。

《义务教育语文课程标准（2022年版）》指出：“义务教育语文课程标准突出内容的时代性，充分吸收语言、文学研究新成果，关注数字时代语言生活的新发展，体现学习资源的新变化。强调课程内容的典范性，精选文质兼美的作品，重视对学生思想情感的熏陶感染作用，重视价值取向，突出社会主义先进文化、革命文化、中华优秀传统文化。”这样的标准，对初中课外文言文篇目的选定，一样有指导意义。本文基于“选文标准”，试从“评、教”（中考选文、教材选文、教师推荐）、“文”（文章、文学、文化）、“学”（学情）和“言”（文言实词）四个维度，依“据”选书，凭“文”分类，因“学”选篇，以“言”定文。

一、以中考、教材选文和教师推荐数据为鉴，依“据”筛选书目

评价可以更全面了解学习的历程与效果，是学生学习和教师教学改进的重要依据。对近十年（2010—2019）中考课外文言文（共统计537篇）的查找、分析和筛选，我们可以从“评”的角度，得出相对直观、客观的数据，作为教学拓展的重要凭据。详见表1。

表1　2010—2019年全国各地中考课外文言文选文出处（出现2次及以上）统计（共60部）

书目	出现次数
《史记》	23
《后汉书》	20
《三国志》《世说新语》	18
《资治通鉴》《宋史》	16
《战国策》	14
《韩非子》《汉书》	12
《吕氏春秋》《郁离子》《明史》	10
《列子》《晋书》	9
《贞观政要》《东坡志林》《梦溪笔谈》	7
《礼记》《旧唐书》《聊斋志异》《阅微草堂笔记》	6
《说苑》《智囊全集》《左传》	5

（续表）

书目	出现次数
《古文观止》《柳河东集》《续资治通鉴》《雪涛小说》《新序》《韩诗外传》《老学庵笔记》《孟子译注》《渑水燕谈录》《欧阳修全集》《太平广记》《晏子春秋》《忠雅堂集》《庄子集释》《白鹤堂集》《独醒杂志》《管子》《梁溪漫志》《临川集》《栾城集》《清稗类钞》《清代名人轶事》《容斋随笔》《宋名臣言行录》《搜神记》《宋濂全集》《苏轼文集》《唐才子传》《唐语林》《陶庵梦忆》《天工开物》《王文成公全书》《渭南文集》《虞初新志》《元史》《昨非庵日纂》	2—4

同时，为了更便于“教、评”比较，笔者再次将统编教材文言文出处予以整理呈现，详见表2。

表2　课内文言文出处统计

年级	出处
七年级	《世说新语》《列子》《聊斋志异》《吕氏春秋》《资治通鉴》《阅微草堂笔记》/《诸葛亮集》《论语》《归田录》《刘禹锡集》《周敦颐集》
八年级	《列子》《孟子译注》《史记》《庄子集释》《礼记》《柳河东集》《虞初新志》《苏轼文集》/《水经注校证》《全梁文》《吴均集校注》《陶渊明集》《韩昌黎文集校注》
九年级	《孟子译注》《史记》《战国策》《左传》《陶庵梦忆》《欧阳修全集》《宋濂全集》/《诸葛亮集》《范仲淹全集》

基于表1试题数据，结合表2课内选文出处统计，我们可知：

（1）教材中的《世说新语》《列子》《孟子译注》《史记》《庄子集释》《礼记》《战国策》等7部书在统编教材均有2篇选文，也是近十年各地中考试题选文的高频书目；《聊斋志异》《吕氏春秋》《资治通鉴》《阅微草堂笔记》《苏轼文集》《柳河东集》《虞初新志》《左传》《陶庵梦忆》《欧阳修全集》《宋濂全集》等11部书是统编教材和近十年全国各地中考试题共有选文的高频书目。在统计时，可不再重复这11部。

（2）教材中《诸葛亮集》《论语》《归田录》《水经注校证》《刘禹锡集》《周敦颐集》《全梁文》《吴均集校注》《陶渊明集》《韩昌黎文集校注》《范仲淹全集》等11部只出现在统编教材（其中，《诸葛亮集》还有2篇选文）。为此，笔者将这11部纳入课外选篇范围，其信度与参考价值均有保障。

此外，笔者还专门针对东莞市部分任教5年以上的初中一线语文教师展开问卷调查。据收回的220余份有效问卷统计，整理出排名前19部适合初中学生阅读的一线教师课外文言文推荐书目，详见表3。

表 3　初中一线教师问卷调查推荐书目（排名前 19 部）

书目
《笑林广记》《广笑府》《淮南子》《拾遗记》《贤奕编》《今世说》《古今谭概》《徐霞客游记》《三朝名臣言行录》《念楼学短》《百喻经》《湘山野录》《大唐新语》《默记》《折狱龟鉴》《金壶七墨》《宋稗类钞》《本草纲目》《博物志》

综上，结合近十年全国各地中考选文、教材选文和初中一线教师的推荐，笔者初步筛选、确定出适合初中学生阅读的课外浅易文言文书目共 90（60+11+19）部。毋庸置疑，这 90 部书均是“古代文学中的经典，是文质兼美的典范，负载着丰富的文化信息，积淀着深厚的文化意蕴，对提高学生的人文素养和传承传统文化具有不可替代的优势”的作品，以此作为初中课外文言文选文书目，是可信的。

二、基于所选书目，凭“文”分类

“文言文最核心的是‘文化’‘文学’部分。”初中课外浅易文言文篇目的确定，应依据“选文标准”的前四项，从文言文最核心的“文章、文学”和“文化”两个层面对初定的 90 部书目进行细化分类，感知优秀传统文化所言之志、所载之道。

1. 从“文章、文学”层面进行划分

“文言文的‘文章’与‘文学’是统一的。”“文章是指其功能……文学是指其形式。”基于选文标准，从作品的形式和功能角度，笔者将初中三年文言文阅读主题大致划分并对应为“事（故事）”“人（其人 / 其事）”“理(言志 / 言论）”三类。其中，七年级选文的表达方式确定为“叙述”，八年级以叙为主、兼顾议论，九年级定为以叙为主、叙议结合。

为便于说明，笔者以七年级为例，从“文章、文学”层面探索基于初定书目，凭“文”分类的过程。

首先，综合文言文的表达方式、“章法考究”和“言志载道”，初步确定《笑林广记》《广笑府》《古今谭概》《搜神记》《淮南子》《太平广记》《拾遗记》《雪涛小说》《列子》《郁离子》《贤奕编》《智囊全集》《百喻经》《今世说》《大唐新语》《世说新语》《聊斋志异》《阅微草堂笔记》《博物志》等为适合七年级学生阅读的书目。

其次，细化作品的主题内容和篇幅等因素，对初选的笼统书目进行第二轮的细化分类。如把《笑林广记》《广笑府》《古今谭概》等归为笑话故事；把《搜神记》《淮

南子》《太平广记》《拾遗记》《博物志》归为神怪故事；把《雪涛小说》《列子》《郁离子》《贤奕编》等归为寓言故事；把《智囊全集》《百喻经》等归为智慧故事……

通过以上筛选分类，七年级以叙述为主的“事”类“笑话故事”“神怪故事”“寓言故事”“智慧故事”“经典故事”“成语故事”等六大主题主要篇目的来源书目便已确定。这些书目分类，综合考虑了文言文的文学形式和文章内容功能，以及书目间内在的逻辑性与系统性，充分体现了选文相对完整的阅读体系与能力系统，同时，也兼顾了与统编教材同步。

八、九年级的主要篇目来源书目、阅读主题的选定大致亦同，此不赘述。

2. 从“文化”层面划分

“学习文言文，最终的落点是文化的传承与反思。”文言文是我国传统文化的主要载体，它将道德价值、生命意义、传承创新和社会担当等高度融合，囊括了人与自然、人与社会、人与他人、人与自我心灵的关系。重视文化因子划分，既是现实担当，又属科学必然。

如，已选定的90部书目中，《贞观政要》一书是政论类史书，具备恢宏气象；《容斋随笔》一书史料典章翔实，物产考察丰富；《说苑》一书体现了儒家的哲学思想、政治理想以及伦理观念；《折狱龟鉴》为宋代决狱名著，呈现了遵守法理、体察人情、办案要持矜谨的态度等;《水经注校证》是我国古代最全面、最系统的综合性地理著作;《徐霞客游记》是系统考察中国地貌地质的开山之作;《梁溪漫志》记述了宋代政事典章;《天工开物》是世界上第一部关于农业和手工业生产的综合性著作；《史记》《后汉书》等一批史传类图书，对后世史学和文学的发展都产生了深远影响……

这些经典书目,凸显了中华优秀传统文化“为天地立心,为生民立命,为往圣继绝学,为万世开太平”的思想精髓；选定这些书目是贯彻落实课标“学习中国古代优秀作品，体会其中蕴含的中华民族精神，为形成一定的传统文化底蕴奠定基础” 的要求，充分体现了“选文注重经典性、语文性、适用性、多样化，强调文质兼美，尤其重视中华优秀传统文化的理解和传承”的理念，凸显了初中课外文言文的针对性与精准性。

三、综合学生实际实情，因“学”选篇

学情是教学的逻辑起点，初中课外浅易文言文篇目的选取，要根据学生的知识构成、能力基础和认知水准，结合选文标准，有针对性、合理有序地进行分阶分段规划确定。笔者基于学情，在凭“文”分类基础上，对筛选的90部书做了宏观的规划探索。具体安排见表4。

表 4　初中课外文言文书目分阶分段规划表

（90 部）

项目 阶段	目标分阶	能力分阶	内容主题	参选书目 1（77 部） （分阶、分段，有的放矢）	参选书目 2 （13 部） （史传类）
初阶 （七年级） （事：情趣幽默）	核心目标： 情趣幽默 基本目标： 培植学习兴趣 发展目标： 培养幽默风趣之性情，初步积累文言基础知识	本阶以识记、理解为主；注重积累	笑话故事 神怪故事 寓言故事 智慧故事 经典故事 成语故事	以《论语》《世说新语》《聊斋志异》《吕氏春秋》《阅微草堂笔记》《笑林广记》《广笑府》《古今谭概》《搜神记》《淮南子》《太平广记》《拾遗记》《雪涛小说》《列子》《郁离子》《归田录》《贤奕编》《智囊全集》《百喻经》《今世说》《念楼学短》《博物志》《刘禹锡集》《周敦颐集》等 24 部为主	
中阶 （八年级） （人：雅趣怡人）	核心目标： 雅趣怡人 基本目标： 厚实文言基础，积累文言知识 发展目标： 注重传统美德之浸染与传统文化之熏陶，培养高雅审美之情趣	在初阶基础上，兼顾分析、评价与运用的熏陶培养；注重方法	勤学修身 处世为人 生活雅趣 名人轶事 传统美德 世俗百态	以《水经注校证》《全梁文》《吴均集校注》《虞初新志》《孟子译注》《庄子集释》《礼记》《柳河东集》《韩昌黎文集校注》《陶渊明集》《默记》《独醒杂志》《湘山野录》《大唐新语》《晏子春秋》《宋稗类钞》《三朝名臣言行录》《金壶七墨》《说苑》《韩诗外传》《老学庵笔记》《渑水燕谈录》《清稗类钞》《清代名人轶事》《宋名臣言行录》《唐才子传》《昨非庵日纂》《唐语林》《梁溪漫志》《忠雅堂集》《白鹤堂集》等 31 部为主	《史记》《后汉书》《三国志》《资治通鉴》《宋史》《战国策》《汉书》《明史》《晋书》《旧唐书》《左传》《续资治通鉴》《元史》等 13 部为主，贯通到整个初中阶段

（续表）

项目 阶段	目标分阶	能力分阶	内容主题	参选书目 1（77 部） （分阶、分段，有的放矢）	参选书目 2 （13 部） （史传类）
高阶 （九年级上） （理：理趣思辨）	核心目标：理趣思辨 基本目标：丰富文言文赏读经验，夯实文言文根基 发展目标：提高文言鉴赏评价水平，逐步形成一定的思辨方式，扩大文化视野	在中阶基础上，注重创新、思辨、整合、批判的培养；注重运用	科技之光 治国安邦 事理探究	以《新序》《管子》《临川集》《栾城集》《宋濂全集》《容斋随笔》《陶庵梦忆》《天工开物》《古文观止》《折狱龟鉴》《本草纲目》《徐霞客游记》《贞观政要》《东坡志林》《梦溪笔谈》《韩非子》《苏轼文集》《王文成公全书》《诸葛亮集》《范仲淹全集》《欧阳修全集》《渭南文集》等 22 部为主	
九下：进行综合类阅读，此不赘述					

表 4 的分阶分段规划，是在尊重学生认知水平的前提下，依据初中各年段学生的目标能力，结合选文标准，展开由低阶的识记、理解，到分析、评价、运用，再到高阶的创新、思辨、整合、批判的渐进式选篇探索。立足并结合史传类作品的特点，笔者在表中不分阶段进行规划、配搭，使之贯穿整个初中阶段；同时，考虑到学生年段学习的特点，规划的七年级与九年级的书目数量相对少一些，“两头少，中间多”，如此体现起始年级与毕业年级的学情特点。

这样的选篇探索，既注重对学生的基础引领，又注重培养学生的“思维过程”和“思维创新”，着眼于培养学生的综合能力，是对“在分学段有序推进的中华优秀传统文化教育方案中，贯穿着从易到难、循序渐进、相互衔接的国学经典教育思路”理念的践行。

四、基于筛选分类之篇目，以“言”定文

“言”是文言文学习的基础。所谓“言”，“广义的来理解是指：虚实词的积累、古汉语语法、诵读方法、文言语感等”。结合初中教学的实际，本文所谈之“言”，更多是指文言实词。

笔者在本书第 1 节中，确定了初中课内文言文 90 个重点实词。现以七年级“笑话故事”类主题部分选文的确定为例，从七年级规划的重点实词的角度来谈谈初中课

外浅易文言文篇目确定的做法。

将选出的七年级“笑话故事”类书目《笑林广记》《广笑府》《太平广记》《雪涛小说》《古今谭概》等，以选文标准第五项（依“言”选文、以“言”定文、“言”文一致）为指导，将七年级规划的实词进行对号筛选：如果候选文出现相应实词，则入选并最后确定；反之，则放入备选文库中待选或放弃。

当然，毕竟是七年级，为了紧扣“浅易”、有效降低学生的学习难度、做好小初衔接，在实际筛选、最终确定七年级课外浅易文言文的过程中，笔者也并没有严格执行，而是相对更倾向于依主题定文、再适度兼顾“言”的做法。在表5中，就将对号与不对号均入选的情况予以了呈现。详见表5。

表5　七年级部分“笑话故事”选文篇目情况表

文章	出处	备注	规划实词
（一）训子 富翁子不识字，人劝以延师训之。先学“一”字是一画，次“二”字二画，次“三”字三画。其子便欣然投笔，告父曰：“儿已都晓字义，何用师为？”父喜之，乃谢去。一日，父欲招万姓者饮，命子晨起治状，及午不见写成。父往询之，子恚曰：“姓亦多矣，如何偏姓万，自早至今，才得五百画着哩！”	《笑林广记》	是、去	七上（13）：顾去舍故说行志穷书少方意亡
（二）外科医 有医者，自称善外科。一裨将阵回，中流矢，深入膜内，延使治。乃持并州剪，剪去矢管，跪而请谢。裨将曰：“簇在膜内者，须亟治。”医曰：“此内科事，不意并责我。”	《雪涛小说》	意	七下（16）：辞即孰谓当走闻知安取乱观通求如是
（三）父子性刚 有父子俱性刚不肯让人者。一日，父留客饮，遣子入城市肉。子取肉回，将出城门，值一人对面而来，各不相让，遂挺立良久。父寻至见之，谓子曰：“汝姑持肉回陪客饮，待我与他对立在此！”	《广笑府》	无七年级对应词，有匹配学习的句式	
（四）截竿入城 鲁有执长竿入城门者，初竖执之，不可入。横执之，亦不可入。计无所出。俄有老父至，曰：“吾非圣人，但见事多矣，何不以锯中截而入”。遂依而截之。世之愚者，莫之及也。	《太平广记》	无七年级对应词	

表中的“是”“去”“意”是七年级规划的重点实词，《训子》和《外科医》的选取便以它们为准：以“言”定文。《父子性刚》《截竿入城》两文整体偏易，无特别生僻的文言实词和晦涩难懂的文化典故，基于选文标准，也为了有效降低难度、提升兴趣、积累阅读，体现依主题选文、再兼顾“言”的渐进性特点，故在无出现所规划的文言实词的情况下也入选成为七年级课外选文。

“学习文言文，前提是学习文言。”随着学生积累的加深、选文范围的扩大，可供选择的空间更广，八、九年级可再着力于炼词、炼句处，进行更精准、对号性更强的筛选，如此可更好地落实“言”“文”一致、以“言”定文的初衷。

初中课外浅易文言文篇目的确定，是一项繁复又庞杂的工程。在实践中，首先，选文篇目要具有系统性。要着眼于相对完整的初中文言知识与能力体系，各年段的主题内容要与课内学习相对应，力争得法于课内、得益于课外。其次，选文篇目要具有精准性。选取具有代表性的文章篇目，要兼顾学生的阅读兴趣、阅读习惯和“言”这一初中文言文学习的根本核心所在。第三，选文篇目要具有序列性和专题性。力争以单元为单位，构建特别的双线主元，即“言”文并重、“言”文一致，培植学生的学习兴趣，提升学生的语文素养。

总之，初中课外浅易文言文篇目的确定，要“重视传统文化内涵的挖掘，加强对学生进行传统文化的教育，用我们民族优秀文化引导，影响学生，使他们增强文化自信，理解、认同、热爱中华文化，继承、弘扬中华优秀传统文化”。粗陋之处，尚待后续的持续研究。

（原文题目为《论大数据背景下的初中课外文言文篇目的确定》，发表于2020年11月《中学语文》，结集成书时题目与内容略有删改。）

第4节

初中文言文群文阅读教学主题探索

——以《孙权劝学》为例

2021年广东省中考（课内外）文言文，采用了文言文群文阅读方式考查，这将从评价的角度来引领教学的探索。可以说，文言文群文阅读既是当前初中文言文教学的一个热点，也是难点。文言文群文阅读之难，难在议题的确定、群文的选取、由浅层次学习走向深度学习……

《义务教育语文课程标准（2022年版）》要求："阅读浅易文言文，能借助注释和工具书理解基本内容。注重积累、感悟和运用，提高自己的欣赏品位。"不同作者、同课文主旨的主题多样化延伸式文言文群文阅读，有助于学生文言文的积累、感悟和运用，有助于提高学生的文言文欣赏品味和能力，有助于化解文言文群文阅读教学之难题。

笔者以《孙权劝学》一文的三个群文阅读设计为例，就开展主题多样化延伸式文言文群文阅读教学谈一点拙见。

《孙权劝学》一文安排在统编教材七年级下册第一单元。该文的选编意图是结合人物生平和所处时代，透过细节描写，把握人物的特征，理解人物的思想情感，感受杰出人物的非凡气质，唤起学生对理想的憧憬和追求。《孙权劝学》全文仅119字，以精练的文笔突出人物的风采，其中，孙权的"劝学"、吕蒙的"学而有成"、鲁肃与吕蒙的"结友"皆是文中人物的闪光点，这些有助于学生树立积极向上的人生观、价值观。基于此，笔者选取这三人的这三种特质为核心价值点，作为不同作者、同课文主旨的主题多样化延伸式群文阅读教学的建构点，设计了三个不同主题的教学活动课：

《动情晓理，入心善劝——〈孙权劝学〉群文阅读》（以下简称《动情晓理》），《学习，让我们成为更好的自己——〈孙权劝学〉群文阅读》（以下简称《学习》），《行合趋同，千里相从——〈孙权劝学〉群文阅读》（以下简称《行合趋同》）。

本文以文章主题为教学的关联点、以学情为教学的起始点、以方法为教学的切入点、以任务为教学的驱动点，精选群文议题，精设教学板块，精授阅读方法，精炼学习活动，在精讲《孙权劝学》中突破阅读方法，使学生在求同探异中读懂构成群文的其他两篇文章。在课堂教学设计上，则通过诵读、对比勾连、拓展阅读等学习活动，传承传统文化，发展阅读写作能力，培养高阶思维。

一、以主题为关联点，精选群文议题，传承优秀文化

主题多样化延伸式文言文群文阅读教学，以课内文言文人物身上的主要言行、美好品质等核心要素来提炼主题，以主题作为教学关联点来确定议题，基于议题选取两篇适切的文章构成群文。

《孙权劝学》一文主要出现孙权、吕蒙、鲁肃三个人物。其中，孙权在文中最突出的表现就是成功地劝说吕蒙努力学习并成为文武双全的人。当然，孙权的劝说并非一蹴而就的，在经历命令式的一劝失败后，孙权调整策略，抓准吕蒙想偷懒、认为学习无用的抵触心理，动之以情、晓之以理，现身说法，最终成功劝说。因此，从孙权的角度，“劝学艺术”便是最核心的价值点。基于此，第一个群文阅读的议题就确定为“动情晓理，入心善劝”。选取的阅读群文是“劝学”类的经典文章——《师旷劝学》《断织劝学》，学习目标为“体会孙权‘劝学’的艺术，学习古人劝说的艺术”。

吕蒙，《孙权劝学》一文另一个不可或缺的人物，他在孙权的劝说下，由浅陋的“吴下阿蒙”，摇身变为出口成章、令人“刮目相看”的吕蒙。他发生蜕变的根本原因是听从了孙权的劝说，广泛涉猎，“见往事耳”。换言之，因为学习，吕蒙成为更好的自己。基于此，从吕蒙的角度，第二个议题确定为“学习，让我们成为更好的自己”。选取的阅读群文是《傅永发愤读书》《苏洵二十七岁始发愤》，学习目标为“从人物的蜕变中，感知学习的重要性”。

文中最后出场的是鲁肃，鲁肃在文中最大的意义是他惊叹吕蒙的惊人长进，并与吕蒙“结友而别”。其实，鲁肃和吕蒙早已相识，但最终结友则是因为吕蒙“今者才略非复吴下阿蒙”，从中可看到鲁肃的敬才爱才，更可看到鲁肃的择友标准——爱学习、

有才华、志趣相投。因此，从鲁肃的角度，第三个议题确定为“行合趋同，千里相从”。选取的阅读群文是“择友”类的经典文章——《割席分坐》《荀巨伯远看友人疾》，学习目标则确定为“学习鲁肃的择友原则，体会古人的择友观”。

“学习文言文，最终的落点是文化的传承。”围绕《孙权劝学》，聚焦文本最核心的语文价值点，在阅读和探究过程中，学生掌握“劝说”的技巧、知晓“学习”的重要性、注重以才华德行等作为“择友”的标准。在传统文化的熏陶感染中，学生得以汲取做人做事的智慧，培养健康的审美情趣。

二、以学情为起始点，精设教学板块，建构教学模式

学情是教学的起点。刚升上七年级的学生，所学文言文不多也不深，积累较少，基础相对薄弱。所以，不论是议题的确定、教学目标的设定，还是课外文言文的选取、教学环节的设置……均须考虑学生的实际情况，不能超出学生的能力范围。同时，也须想方设法调动学生学习的积极性，挖掘他们的学习潜能。

基于学情，笔者设置了清晰的“五习”环节：指导预习— 基础研习（一篇课内文《孙权劝学》的研究与学习）— 群文学习（两篇同主题课外文言文的阅读）— 迁移练习（言文一致训练）— 课后固习（同主题课外文言文的拓展阅读）。

此外，各板块之间还设有一条与课内人物相关的教学主线。

《动情晓理》的教学主线：“上级劝说下级”（《孙权劝学》）—“下级劝说上级”（《师旷劝学》）—“平级劝说平级”（《断织劝学》）；

《学习》的教学主线：“功成名就的武将——吕蒙的学习”（《孙权劝学》）—“拳勇过人的武夫——傅永的学习”（《傅永发愤读书》）—“少不喜学的学子——苏洵的学习”（《苏洵二十七岁始发愤》）；

《行合趋同》的教学主线：“都督的择友”（《孙权劝学》）—“学子的择友”（《割席分坐》）—“贤士的择友”（《荀巨伯远看友人疾》）。

这些清晰的教学板块和教学主线均紧紧围绕教学目标，以《孙权劝学》为抓手，由单篇到群文，由课内到课外，环环相扣，一课一得。这样的教学，注重紧扣文本的语文核心价值，注重体现学生的主体性，注重有梯度的听说读写训练，注重提升学生的语文核心素养。

三、以方法为切入点，精授阅读方法，提升自读能力

“语文课的一个基本任务，就是要引导学生在阅读中逐步掌握这些阅读策略和方法，最后达到‘不待教师教’而‘自能读书’的目的。”文本是教不完的，主题多样化延伸式文言文群文阅读，以课内文言文为范例，授学生以读书方法，学生在教师的引导下运用所学方法完成群文的求同探异，由此及彼，自主阅读更多的文本，最终学会阅读。

（一）以读带析法

“书读百遍，其义自见。”在文言文教学过程中，朗读不仅能有效消除学生与传统经典的隔膜，也是学生走进人物内心、把握文章情感和主旨的捷径，朗读还可以带动甚至代替教师的分析与讲解。“朗读是一种富有情韵的课堂活动，也是一种活泼的形式优美的教学方法。”

在《动情晓理》一课，文中孙权对吕蒙的劝说，话不长但意味深长，如何让学生更好地领悟话中的意味呢？课堂以“孙权是如何劝说吕蒙的呢？从句式和标点符号着手，读出孙权的语气语调”为切入点，引导学生揣摩君臣之间的微妙心理，分角色模仿孙权两次认真劝说的语气、语调等。在一次一次的朗读中，学生知晓孙权一劝失败二劝成功的原因。《学习》和《行合趋同》则以“课文是怎样表现吕蒙学识进步的？有感情地朗读鲁肃与吕蒙的对话”为切入点，学生在一唱一和、互相打趣调侃的对话诵读中，感知鲁肃情不自禁的赞叹和吕蒙非一般的长进，进一步理解“学习对一个人成长的重要性”和古人重学识德行的“择友”原则。

课堂有集体朗读重点语句，有分角色模仿对话，有段落有语句，有课内有课外，用灵活多样的朗读作为教学的切入点，在朗读中分析，用分析促朗读，学生在朗读中读懂甚至读透文章。

（二）补充勾连法

文言文时代久远，适当补充勾连资料不仅能开阔学生的视野，还让学生更全面更立体地理解人物的言行、情感和文章主旨。如在《动情晓理》一课，拓展补充《三国志·吴书·吕蒙传》和《三国志·吴书·孙权传》的部分内容，学生可以更系统、更多角度地了解吕蒙与孙权的人生经历、性格特点等，更深刻地体会孙权劝说的高妙；《学习》一课补充《三国志·鲁肃传》；《行合趋同》补充《三国志·鲁肃与吕蒙结友》等资料。

课堂立足《孙权劝学》，带学生走进《三国志》等书中挖掘拓展，在拓展勾连中抵达语文教学的内核。

（三）求同探异法

群文阅读的特征之一就是文本之间的求同探异，即同中求异，异中存同。在《孙权劝学》群文阅读课的设计中，笔者充分运用了此法。

1.《动情晓理》课设计

项目	篇目		
	《孙权劝学》	《师旷劝学》	《断织劝学》
劝说双方姓名			
双方身份			
被劝者的学习心理			
劝说成功的原因及方法			

2.《学习》课设计

项目		篇目		
		《孙权劝学》	《傅永发愤读书》	《苏洵二十七岁始发愤》
学习前	人物职位			
	他人评价			
学习后	职位变化			
	他人评价			
学习内容				
学习年龄				
学习方法				
学习动机				
人生轨迹的变化				
启示				

3.《行合趋同》课设计

项目	篇目		
	《孙权劝学》	《割席分坐》	《荀巨伯远看友人疾》
双方身份			
双方职位			
交往结果			
结友与否原因			
择友标准			
择友观			

笔者在教学实践中，引导学生进行一次次求同探异，提升学生的思考、比较、辨别、判断等能力。“教师应加强对学生阅读的指导、引领、点拨。”凭借《孙权劝学》这个例子，举一反三，在教师的引领下，学生用“以读带析法”“补充勾连法”“求同探异法”等阅读方法自行阅读《师旷劝学》等6篇群文，达到不待老师教便自能读书的目的。

四、以任务为驱动点，精炼学习活动，培养高阶思维

围绕任务来开展学习活动，在“自主、合作、探究”的过程中，提升、培养他们的分析、评价、思辨、创新等高阶思维。

（一）课前任务：查阅资料

学生要“掌握查找资料、引用资料的方法”。《孙权劝学》课要求学生课前查阅《三国志·吴书·吕蒙传》《三国志·吴书·孙权传》《三国志·鲁肃传》《三国志·鲁肃与吕蒙结友》等文章。在读懂这些文章的过程中，学生须查阅大量的相关资料，培养查找、筛选、提取信息的能力，变被动学习为主动学习。

（二）课中任务

1. 朗读活动

“朗读永远是语文教学最俭省、最见效的方法。”而任务驱动式朗读更是事半功倍。《动情晓理》要求同学们“边读边思考：孙权一劝为何失败？二劝为何能成功？”。学生在朗读中懂得“不管你身份如何，要想劝说成功就必须要动情晓理，入情入理入心”

的道理；

“请有感情地朗读吕蒙与鲁肃的对话，思考：面对学习后的自己，吕蒙自己有怎样的想法？”是《学习》的朗读任务之一，学生在琅琅的读书声中知晓“学习，能让我们获得他人的认同，并成为更好的自己”的道理；

“有感情地朗读吕蒙与鲁肃的对话并思考：鲁肃为何与吕蒙结友而别？鲁肃的择友标准是什么？”是《行合趋同》的朗读任务之一，学生在分角色朗读中明白“不管时代怎么变化，学识和德行永远是我们择友的重要标准”。

任务驱动式朗读，学生在朗读中思考、探究、比较、归纳，在朗读中读懂人物、读懂文章。

2. 对比活动

有比较才有鉴别。多角度、多层次对比，可以提高学生的鉴赏能力和思维能力。

《动情晓理》对比一：孙权的两次劝说，即“孙权一劝为何失败？二劝又是如何成功的？”；对比二：孙权与师旷“劝说成功的原因和劝说技巧”；对比三：孙权、师旷与乐羊子妻“劝说成功的原因及劝说的技巧”。

《学习》对比一：鲁肃和吕蒙“对学习后的吕蒙的态度”的对比；对比二：吕蒙与傅永“学习成效及发奋学习的原因”；对比三：吕蒙、傅永与苏洵“学习成效及发奋学习的原因”。

《行合趋同》对比一：鲁肃“对巨变前后的吕蒙的态度”；对比二：鲁肃与管宁的“择友标准”；对比三：鲁肃、管宁的“择友标准”与荀巨伯“对朋友的态度”。

这三次对比各有侧重，第一次重在课内文章人物言行的对比，第二次侧重于课内文中人物与阅读群文（一）文中人物最为核心价值点的对比，第三次是三篇文章核心议题的对比。通过对比，学生阅读文本、分析语言，激发学习兴趣，提升自主学习能力，实现由读懂这一篇到读懂这一类的转变。

（三）课后任务：拓展阅读

“没有课外阅读，那语文教学就只是‘半截子’的，新编语文主张读书为主，读书为要。”三个教学设计的课外拓展阅读文章分别是：《荀子劝学》《伤仲永》《交友之道·逢蒙学射于羿》。如此，以期一一对应，一课一得。在以课文为突破点的基础上，读懂这一类文，更好地传承优秀传统文化。

主题多样化延伸式文言文群文阅读教学，“是一种基于理解的学习，是学习者以高阶思维的发展和实际问题的解决为目标，以整合的知识为内容，积极主动地、批判性地学习新的知识和思想，并将它们融入原有的认知结构中，且能将已有的知识迁移到新的情境中的一种学习”。这种教学样式，具有较强的可操作性和可复制性，对文言文教学有一定的意义。

（原文题目为《主题多样化：初中文言文群文阅读教学探索——以〈孙权劝学〉为例》，发表于2022年2月《广东教学报》，结集成书时题目与内容略有删改。）

第5节

随文解字式初中文言实词整体教学

一、问题的提出

中华文化博大精深，润泽后世，优秀的传统文化是化人之本。“初中阶段，以增强学生对中华优秀传统文化的理解力为重点，提高对中华优秀传统文化的认同度……阅读浅易文言文，注重积累、感悟和运用，提高欣赏品位。”“能借助工具书阅读浅易文言文。”“能借助注释和工具书理解基本内容。”初中文言文教学评的落点，应是也必定会是文言实词。学生只有在掌握文言实词上有了突破，才能更易把握文章大意。

从教的角度，初中文言文教与学的落点，应是也必定是文言实词的教学。科学、精准地明晰文言常用实词，对于文言文的有效教学意义非凡；从学的角度，初中文言实词的数量较小学接触到的文言实词量是猛增的，词义渐趋复杂，用法呈现多样。如果在文言实词方面重视不够，所学不扎实，积累不充分、不连贯，势必会影响学生对文言文的进一步理解，影响后续高中阶段相对更复杂的文言文学习。

文言字词是初中文言文的最基本的单位，是理解文言文的基础。对文言文的阅读和理解首先得从文言字词入手。每一篇文言文均有内容详备的字词解释，学生学习时可资参考。不过，包括课文、注释等助读材料在内的“教材内容”，仅仅是阅读与教学的凭借，或者可以称作教学的“素材”。在实际组织教学时，必须根据学生的实际学情，进行必要的教学内容“重构”。

二、现状分析

一是研究领域的稀缺性。就教学与研究现状而言，一线教师普遍多从“文”的角度教学，较少从“言”的角度关注怎么教；即使关注到了“言”，更多也是将字词、句读的翻译浅浅顺一遍，抑或是就资料书解读一番……要么主观忽视“言”，要么因为“言”更艰于前行而忽略或回避。另外，课外文言文的学习，更多的也是从“文”——主题、专题、章法等角度，没有也无法从“言”的角度拓展。

二是教学方法的孤立性。关于“言”的内容，不少教师意识到确实需要开展教学。但如何令学生有效地掌握“言”的内容？如何将文言文教学中的“言”落到实处呢？……这些问题，全凭教师的主观经验，无相对科学的标准与依据。目前对于“言”的教学，整体解字颇有市场，一般老师喜欢把一篇文言文的字词通过挖空的方式，全部罗列，讲完之后再翻译讲解全文，美其名曰：全方位落实。多年来这样的授课模式在一代又一代语文人中延续，且屹立不倒。殊不知如此整体解字，看似全覆盖，其实是为解字而解字，如此一来字词信息是孤立的、零碎的、不利于记忆的，且徒增学生负担。

三是文言词语教学的功利性。一线教师更多地着眼于“考什么”和“如何应对”的层面，而不是着眼于“能力”和“素养”的层面。教师用力虽多，但企图“短平快”、走“捷径”的方式，没有从规律上思考文言真正把握教给学生什么。正如王荣生教授提醒的一样，“文言文字词句的处理原则：放过、突出、深入、分离”一样，我们如果每一个都不“放过”，凡是课后注释，一律要求背诵过关，长此以往，文言教学课必然枯燥乏味，且师生见到文言文特别是实词必然头疼：学生学得辛苦，教师教成鸡肋。

三、随文解字探索

“古代汉语的问题，主要是词汇的问题，解决了词汇的问题，古代汉语就解决了一大半了。”文言文阅读的难点和关键点在于词汇的疏通，所以，明确实词含义是文言文教学的基础。文言汉字以形声字居多，形旁具有表意功能，会意字本就具有表意功能，教师可结合《说文解字》，从造字法的角度解析文言字词，学生通过联想和想象，加深对字词的认识，避免机械地记忆繁杂的文言词汇。从认知心理学上说，人记忆信息需要大脑神经元的参与，如果相关联的信息越多、细节越丰富，那么参与的神经元也就越多，记忆也就越深刻，越容易被唤醒。从这个意义上说，更符合文章讲授习惯的随文解字，比常用的整体解字更有利于记忆。那么，随文解字要如何与文章讲授共同推进呢？

笔者在本书第 1 节中，确定了初中课内文言文 90 个重点实词，尽量科学、试图合理地分配至每个学段，直接与课文对接，将之确定为各篇文言文的实词教学的核心目标。

在分配词语时，注意三个年段的均衡，注意到词语在某篇里出现的频率，注意词语最早出现的顺序，还兼顾到词义易难的循序渐进；词语分配还关注学情，注意螺旋式上升，适度、适切、有序、渐进式叠加。每课分配的词语，一般常用、次常用顺序优先；常用、次常用实词的划分，只是为了方便教学与评价更加有的放矢、方便积累，并非人为阻隔彼此有机的联系。

在随文解字过程中，一般是详细讲解常用实词，次常用实词根据学情适当选择讲解。如七年级下册的《木兰诗》规划安排了“当”“走”“闻”三个常用实词，根据学情适当详细随文解字，为八年级上册学习《记承天寺夜游》中的“怀民亦未寝，相与步于中庭”中的“步”打下基础；又如《愚公移山》的四个实词，其中“许、阴、曾”是常用实词、“固”为次常用实词，所以呈现的顺序是“许、阴、曾、固”。尽量不过多增加学生负担，每课原则上分配不超过 4 个基本词语。

现以教材中部分文言文为例，从随文解字角度来谈谈初中文言文阅读教学中的做法。笔者认为随文解字要基于具体语境，基于理解，基于新旧知识关联，基于文学、文化，以缓解学生面对佶屈聱牙的文言字词和生疏枯燥的文言语境时的情绪，将“言”与“文”教学自然结合。

（一）随义解字要基于情境 / 语境

“当真正的学习展开的时候，每一个单独的字，都是文言文。”汉字是音形义的结合体，它以象形字为字根。如果扣住字根词源，从造字规律入手，理解词义迁移，不仅符合文言文的教学本质属性，也有利于从“文”的高度理解字词，进而帮助学生更好地把握文本的人物形象、思想内涵。

如在《送东阳马生序》的教学中，在随“文”学“言”的过程中，抓住“走”“趋”“行”这组汉字构成文章的情节线索，通过分析结构，结合语境，理解本义和语境义，进而促进对文本内容的理解。“天大寒，砚冰坚，手指不可屈伸，弗之怠。录毕，走送之。”“走”从金文的字形，了解本义为表示挥动手臂大步跑动，可引导学生猜想少年宋濂在呵气成冰的寒冬，手里攥着书，奋力摆动双臂奔跑着去还书的情景。“又患无硕师名人与游，尝趋百里外，从乡之先达执经叩问。”东汉许慎《说文》中“趋，走也”。“趋”

金文的字形，学生亦可想象好学的宋濂疾走到百里外求师的心情以及情景。“当余之从师也，负箧曳屣行深山巨谷中。”“行”金文写作，三千多年前“行”字的图形文字是十字大路，许慎说“行”字是“人之步趋也，从彳，从亍”。其中，“彳”和“亍”都是小步走路、走走停停的意思。这样解字，学生可以想象求学时期的宋濂在深山巨谷中小步走路、走走停停的样子。对“走”“趋”“行”三字的解析，学生不仅掌握了字的构造，领会了词义而且对作者宋濂求学的艰苦经历和刻苦勤奋的精神有了新的认识，对文章也有了更深入的理解。

随文解字，要结合具体语境理解古今汉语的不同表述。比如《愚公移山》的“方”字，翻译为“方圆、占地面积”。对于初中生，“方圆”还与“方”有关联，“占地面积”跟“方圆”怎么有相联了呢？估计要让他们记住，就只能死记硬背了。但结合文本，则有具体的语境——太行、王屋二山方七百里，两座山“占地面积”七百里，只要学过数学的人根本不用多讲一句话就明白了“方圆”与“占地面积”之间的关系，前者是古汉语说法，后者是现代汉语表述。

随文解字，还要根据上下文情境做到翻译无缝对接。像“以残年余力，曾不能毁山之一毛”的“毛”，只解这一个“毛”字，必得拉扯上“不毛之地”这个成语，学生恐怕还是云里雾里，半懂不懂。但结合上下文，愚公之妻献疑的时候说“曾不能毁魁父之丘”，愚公无法铲平魁父这样的小山丘，而智叟这会子说的挖苦愚公的话，一定要比愚公的妻子损上千百倍才能看到两人的态度区别，所以，智叟这句话极尽夸张之能事，连“山之一毛”也无法铲平，那这山上的什么东西可以称之为“毛”？很自然引申为山上的“草木”。愚公是连山上的一点草木都铲平不了，更何况是太行、王屋二山呢？这个时候，随势再提“不毛之地”，只怕是不用解释，学生也已经懂了，即不长草木、庄稼的地方，引申为极为荒凉、贫瘠的地方。

（二）随文解字要基于文字学

为了更好激发学生学习文言文的兴趣，引导他们厘清汉字字形与字义之间的联系，熟悉词义的演变路径，深入理解文言文的核心文义，在随文解字中帮助他们学会进一步研究文言文中的语言现象，从而提升对文言文的理解和领悟能力。我们尝试从以下方面规划随文解字的教学：

“古人造字‘进取诸身，远取诸物’，‘画成其物，随体诘诎’。”在随文解字过程中，可适当引入关键实词的甲骨文、金文、小篆的字形，让学生猜一猜，画一画，加强学生对汉字原型的认知和理解。如“本”“坐”“闻”“安”等生活化和形象化的文字，通过甲骨文等生动再现出来，让学生在观察、体验中回味古人生活的过程，体悟汉字背后的文化。

随文解字，从字源的角度追根溯源、说文解字，还能帮助学生厘清一词多义的误区。

文言文教学中“一词多义”的不好把握一直是困扰师生的难题，故而找到高效梳理一词多义的方法是文言文教学的必由之路。“一个词的引申义，不管有多纷繁，都是从本义引申出来的，所以，抓住了一个词的本义，就是抓住了这个词的诸多意义的纲。”在随文解字过程中，引导学生借助工具书从汉字源头开始梳理归纳关键实词的演变过程，让学生真正从源头重建汉字“形”与“义”之间的联系，厘清多义词的演变路径。如《三峡》中的“绝”、《桃花源记》中的“得”“闻”“复”、《出师表》中的“遗”等，在同一篇文章中已出现多次，且意思大都不同，如此关键的实词，即可引导学生从源头去深究，理清词义演变的过程。

比如《愚公移山》中“杂然相许”的“许”字，意为同意、赞同，学生往往会疑惑不解。如果从字源方面解答，其实就非常形象了。“许”字右边的“午”，其实是“杵”的本字，表示向下舂插。“许”，金文写作，是“言”和“午”的组合，表示且说且杵，就像人边说话边点头，所以“许”的本义就是点头答应，赞同。又如“曾不能毁魁父之丘”“曾不能毁山之一毛”“曾不若孀妻弱子”的“曾”，如果不看注释，很多同学都会读作“céng”，但就算是注释上说读“zēng”，他们也是不能理解为什么非得读这个音。若从造字本源说起字义流变，便很容易理解了。“曾”字本义，其实是古代蒸饭的蒸锅，上面是升腾的蒸汽。

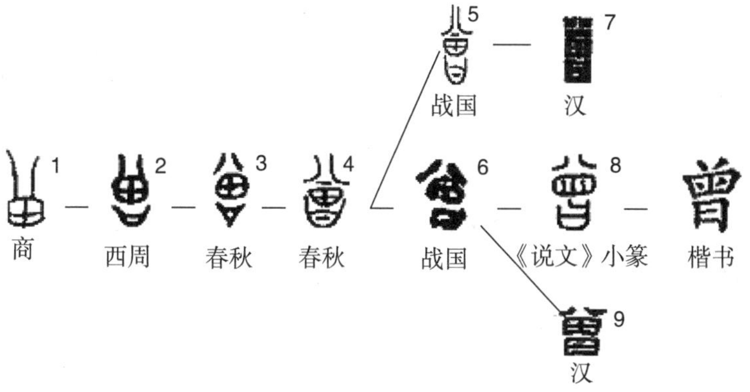

后来“曾”的本义消失，因蒸锅是双层的，因而引申为“二次、重叠”，再拓展到“过去发生过”的意思，这个词义下，念“zēng”。在与“不”连用时，解释为“连……也不”，有强调之意。这样的随文解字，不但把“曾”的读音、释义、句型来龙去脉说得一清二楚，而且趣味十足，学生也真的不费吹灰之力就能记得牢固了。

（三）随文解字要基于知识关联

“一个字长途跋涉来到我们的面前，已经不是它出发时的模样。”“字和词，在时间的淬炼之下，时刻分秒、岁月春秋地陶冶过去，已经不只是经史子集里的文本元素，更结构成鲜活的生命经验。”

在随文解字过程中，抓住一个词的本义，就像抓住了这个词的纲，纷繁的词义都变成简单有系统的了。对本义有了体会，对于某些词义可以推想而知，而且也可以了解得更透彻。

如在学习《醉翁亭记》一文中“有亭翼然临于泉上者”，教材注释为“（亭角）翘起，像张开翅膀一样，高踞于泉水之上。临，居高面下”。为什么说“高踞”？为什么解为“居高面下”？学生看着注释依然会云里雾里的。如用“临”的金文，那是一个睁大眼睛的人，俯瞰地上的三件小物品，“临”的本义是“俯视”。明白了本义，注释中“临”解为“居高面下”，学生自然能心领神会。

所谓温故知新，随文解字，可以在新旧知识的关联中强化学生的字词记忆库。

又如《愚公移山》中愚公说智叟“汝心之固，固不可彻”的“固”字，作“顽固、固执”解。但“固”字金文写作，意思是对盾甲进行某种加强（束，缠绕、捆束），其本义是给盾甲捆扎或加层，使之牢不可破，在《孟子三章》中的“固国不以山溪之险”的“固”字正应选择本义解释。“固”字的引申义是“坚固、固定”，以及“顽固、固执”，愚公说智叟的这句话，则应选择“顽固、固执”这一引申义。这样自然的前后联系，让学生更容易形成系统的知识链，学生的头脑中储存了实时更新的、分门别类的实词释义“树状图”，就更容易将新资料与已知信息联系起来，记忆唤醒也更轻松省力很多。

（四）随文解字要基于文学、文化

“对我而言，有许多字不只是具有表意、叙事、抒情、言志的工具。在探讨或玩味这些字（以及它们所建构出来的词组）之时，我往往会回到最初学习或运用这些字、词的情境之中，那些在生命中有如白驹过隙、稍纵即逝的光阴，那些被现实割据或散碎片段的记忆，那些明明不足以沉淀在回忆底部的飘忽念头，那些看似对人生之宏大面向了无影响的尘粉经验，也像是重新经历了一回。”文言文的“言”在当今社会中使用的概率极低，但是文言文最核心的“文学”“文化”部分，却显然是哪怕再历经百年依然葆有活力与魅力的部分，这些也是我们在文言文教学中思考学习的源泉。

汉字是汉民族文化的一部分，汉字又是中华文化的忠实记录者，从剖析汉字入手，透过表层呈静态的构形而进入生活，了解古人的哲学、伦理内核，以古汉字为透视历史文化的屏幕，将民族意识的深层积淀展现出来。如笔者在本书第 1 节中分析确定的 90 个初中文言常用实词中，看似“浅易”的常用词、常用义，而实际并不“浅易”，很需要辨析、把握，读出字里行间的文化意味。如《周亚夫军细柳》一文中的“兵”“军”“将”“士”“吏”这些看似浅易的词，而实际上在不同语境中，并不那么容易，需要辨析体会确切含义。又如“鄙”“请”“谢”“使”“临”等词在演变过程中涉及的礼仪文化、“道”“易”“穷”等涉及的修身处世的文化等。

随文解字还可以基于文学或文化的角度，让解字除了学习字的音形义以外，更多些吸引学生亲近传统文化的元素，培养学生的素养底蕴，增强文化自信。如《愚公移山》中“达于汉阴”的“阴”，可与“阳”一同从中国传统文化的角度去除神秘感和陌生感。阳与阴，是古人观察太阳运行，观察万物高度归结的世界基本规律，若用在地理上，就是位于北半球中原地区的古人观测山水向背的结果。所以，位于北半球的山脉，向南的山坡为“阳”面，阳面南山下的河流，自然就是北岸，因此，古人把山的南坡、水的北岸称之为“阳”。知晓了“阳”的“秘密”，“阴”则与之相反，山的北坡、水的南岸就称之为“阴”了。这样的内在逻辑一旦在学生的脑海里建立后，就很难消失磨灭，只要稍加复习，根本不需要花过多时间反复背诵默写，就能准确释义。

新课标指出：“义务教育语文课程培养的核心素养，是学生在积极的语文实践活动中积累、建构并在真实的语言运用情境中表现出来的，是文化自信和语言运用、思维能力、审美创造的综合体现。”文言本身由于时代相隔久远，本身又缺乏生活交际语境，在日常中的使用概率和频率较低，隔膜感和生疏感明显。更重要的是，相比较现代文而言，学生接触到文言素材的机会少之又少，除了课本中的那几篇文言文，几乎都与文言文隔离。文言文的教学的一体四面（包括文言、文章、文学、文化），它们相辅相成，不能做简单机械的割裂，重点词语的随文教学和文言语感的培养以及文化的传承是融合在课堂的教学之中的。

“见字，如见故人来。”“生命只走过一回，但是字却将之带回来无数次——只要你愿意读。”借用张大春先生《见字如来》一书中的话语，作为我们在文言文教学中随文解字的探索中的体悟。

第6节

基于故事化的初中文言实词整体教学

"语言文字既是文化的载体，又是文化的重要组成部分，学习语言文字的过程也是学生文化积淀和发展的过程。"而汉字作为当今世界上独有的一种指示会意文字体系和世界上唯一仍被广泛使用并高度发展的语素文字，它集形象、声音和词义三者于一体。文言字词是初中文言文的最基本单位，是理解文言文的基础，文言文的阅读和理解须先从文言字词入手，读出字里行间的文化意味，这不仅是文言文教学的重点，也是当前文言文教学的软肋。

究其原因，一是汉字简化后，作为表意符号的汉字的文化功能逐渐弱化，初中生很难从简体字中窥见文字蕴藏的深意；二是教师在教学实际中，往往把背景的历史性叙述当作文化，把主题的扩展性提升当成了文化。实际上，只有着眼于字词之间，着力于文本的罅隙之间，方可探寻文化的内涵。统编语文教材的每一篇文言文的字词均有内容详备的解释，但注释等助读材料仅是阅读的凭借、教学的"素材"。在实际的实词教学时，必须根据实际学情，进行必要的教学内容的"重构"。

《义务教育语文课程标准（2022年版）》（以下简称"新课标"）专设了"语言文字积累与梳理"的基础型学习任务群。该学习任务群旨在"引导学生在语文实践活动中，通过观察、分析、整理，发现汉字的构字组词特点，掌握语言文字运用规范，感受汉字的文化内涵"。第四学段（7—9年级）在教学提示中还指出：诵读、积累与梳理，重在培养兴趣、语感和习惯。引导学生借助信息技术等多种方式汇总、梳理自己积累的语言材料，建立自己的创意语言资料库，并能学以致用。语音、文字、词汇、语法、修辞等方面的知识，要避免围绕相关知识的概念、脱离实际运用进行机械训练。应根据语言文字运用的实际需要，从遇到的具体语言实例出发进行指导。

爱听故事是学生的天性，如果在文言实词教学中恰到好处地渗透一些小故事，既能让学生愉悦地获得知识，又能有效激发学生学习文言文的兴趣。正如傅钱余博士所言："将理论、知识、情感和价值观等融入故事中，教师以故事讲述的方式教学，在提升课堂趣味的同时与学生有深层次的互动。" 基于新课标的相关任务要求，笔者以初中文言常用实词为中心，以创设情境化的小故事形式进行探索，以期探求文言实词教学的趣味，促进学生核心素养的发展，进一步感受文化内涵。

一、文言实词的故事化教学步骤

1. 把握常用实词的义项

在初中阶段，常用的文言实词约有 150 个。本书第 1 节已归纳、确定了 90 个基本实词，以此再整理相应的义项。

以文言实词"负"为例。"负"的本义是"用背驮物"，故有"背、载"之义。抽象表达为"承担"（如"负债"）；背上背物，即背上有所"靠"，再引申为"依仗、凭借"；古代"败"用"北"表示，而"北"即"背"字，故又有"败"义。"失败"了，当然 "对不起"人（自己或他人）。

2. 理清、积累常用实词

以文言实词"负"为例，分类整理，理清一词多义的基本情况。详见下表。

教材中的句子	词义	出处
负势竞上	依靠，凭借	吴均《与朱元思书》
命夸娥氏二子负二山	背着	《列子·愚公移山》
至于负者歌于途		欧阳修《醉翁亭记》
负箧曳屣行深山巨谷中		宋濂《送东阳马生序》

3. 编串常用实词小故事

在文言实词教学中，我们可用学生熟悉的文言实词为例来编串故事。在此，笔者借鉴《文言文 120 个常用实词例解》中的用小故事讲解实词的方法，突出情境的创设和故事性来吸引学生的兴趣。

还是以文言实词"负"为例。我们可用学生比较熟悉的成语故事"负荆请罪"来编写故事，串起“负”字多个义项的学习。

负荆请罪

赵尝得和氏璧，秦王闻之，负（倚仗）强以城十五求之，赵王召相如负（背着）和氏璧往之。相如临行曰：“必不负（辜负）赵。”后完璧归赵。其智之高，上下皆叹。

廉颇，赵之良将也。素轻相如，不喜与相如齐名，常觉负（遭受；蒙受）耻。与之狭路相逢，相如敬而远之，颇欣欣然。

门人忿然。相如曰：“吾无惧秦王，岂惧廉颇？秦不攻赵，是因吾赵文有相如，武有廉颇。若将相不和，秦赵必有战，恐赵负（失败，与“胜”相对）。是以国家为大，个人恩怨为小。”颇闻之，甚觉负（亏欠）卿，遂负（背着）荆请罪于相府。

相如解之，将相荣辱与共。此后，赵国文负（依靠，凭借）相如，武倚廉颇，强盛矣。

学生在阅读小故事时，加深理解了并能集中掌握某一重要实词的常见义项，这既呵护了他们的兴趣，又提高了学习效率。

二、文言实词的故事化教学原则

文言实词的故事性教学须依托教材，勾连所学，创设情境，以“有趣、相关、聚焦、重构”的故事来提升学生掌握文言实词的效率。

1. 同步性原则

本文所谓“同步”，主要是指文言实词小故事的编写要与教材结合一致。

如文言实词“从”。“从”的本义是“跟随”，引申出“归顺”“参与”“随从”等义。“追赶”正是紧紧“跟随”敌人的形象。“随从”乃是较亲密之人，引申出“次于最亲的人”也是顺理成章。教学时，可编写一个与宋濂相关的故事，以串起“从”字的多个义项的讲解。

宋濂，字景濂。自幼嗜学，家贫无从（“从”和前面的“无”构成固定搭配，表没有办法）致书，从（自）闾里家借而读之。及长，从（跟从）乡之先达，俯身倾耳从（听从）其师。昼夜苦读，恐顿倦，辄以水沃面，遍览古籍，遂成大学。人有从（跟从，这里指学习）学者，濂曰：“无他，但勤奋耳。”人皆从（听从）也。

2. 整合性原则

新旧贯通，从“碎片”走向“体系”；彼此勾连，从“孤立”走向“联系”；整合重构，从“学会”走向“会学”。文言实词小故事的编写，可以有意识地将课文中的文言字词同学生以往接触过的其他文言现象作对照，加强新旧知识的贯通，引导学生学会前后知识的勾连。这样不仅能有效落实文言实词，还可以增强教学的趣味性和有效性。

以文言实词“乐”字为例，在九年级学习《醉翁亭记》一课时，可将七、八年级涉及的内容进行勾连整合。我以欧阳修的人生经历为基础，用“乐”字编辑串起故事：

欧阳公幼而孤，家贫无资，其母以荻画地，教之以字。由是，公以习字诵读为乐（快乐）。年十岁，偶得《昌黎先生文集》，读之，心愈慕之，以至废寝忘食，每有会意，心乐（感到快乐）之。

公尝作《诲学》，曰：“玉不琢，不成器；人不学，不知义”，诚矣！凡成学者，唯乐（以……为乐）之者也。

今人宜以学为乐（乐趣），勿常迁于物，而耽于安乐（享乐）也。

3. 情境性原则

“义务教育语文课程实施从学生语文生活实际出发，创设丰富多样的学习情境，设计富有挑战性的学习任务，爱护学生的好奇心、求知欲，促进学生自主、合作、探究学习。”文言实词小故事的编写，试图创设丰富多样的情境，让实词的解释有画面感、立体感，使学生在丰富的故事情节中加深对文言实词的理解。

如文言实词“顾”，其基本义是“照顾”。由“照顾”可以引申出“顾念、顾惜”“回头看”等义。为把“顾”的义项讲解更具画面感，采用学生耳熟能详的“三顾茅庐”故事来编串。

刘备欲振汉室，招贤才，三顾（拜访）孔明之庐。初始，其见远地有一草庐，以为孔明之庐，叩门问之，僮仆曰非也。刘备疑孔明之计，临行顾（回头看）之，后顾（还）反，再求之。如此再三，乃见。孔明因顾（关心）其家人，则曰：“顾（不过）吾念之，家人无以为托。”刘备令从安之，孔明方许。

三、文言实词的故事化教学措施

学情是教学的起点，年段不同，学生的基础不同、接受和理解能力也不同。文言实词的故事性教学要按照新课标要求，遵循初中生各年段的认知能力，在不同的年段采用不同的教学方法，以达到最佳教学效果。在文言实词的故事化教学过程中，我尝试按照先“放”后“收”的原则，从激发兴趣到聚焦提升；从学习规律角度，我又秉持“先牵行、再陪行、最后自由行”原则，从编译文言实词故事入手，再到开展文白对译，最后到迁移巩固。

1. 七年级“教学”：以教为主，以学为辅

如上所述，笔者在本书第 1 节中对初中文言实词进行分级分类，其中，一级实词为规划的 90 个常用实词中分配在这一课的重点过关词语，二级实词则为分配在其他课文里面但在此课的学习中亦较为重要的词语。

七年级上册，规划重点掌握过关一级实词 13 个，二级实词 16 个，详见下表。

册	篇目	文言常用实词（一级）	文言常用实词（二级）
七上（13）	8.《〈世说新语〉二则》	顾、去、舍	期、相
	12.《论语》十二章	故、说、行、志	知、信、乐
	16.《诫子书》	穷、书	意、去、复
	20.《狼》	少、方、意	从、顾、故
	24.《寓言四则》（《穿井得一人》《杞人忧天》）	亡	居、及、闻、若、舍

七年级学生的文言基础整体相对薄弱，《〈世说新语〉二则》是他们进入中学第一次接触的文言文，教学此阶段文言文和文言实词时，建议以教师的“教”为主，教会学生如何通过扎实掌握实词，再进一步深入理解内容。

其中，《陈太丘与友期行》篇幅短小、故事情节清晰、人物形象鲜明，是典型的浅易文言文。我根据文章内容，挑选出一级实词“顾”“舍”“去”、二级实词“期”“相”。教师可以引导学生借助课本注释，了解常用实词的含义以及理解文意。如实词“期”，包括题目在内，出现了 5 次（3 次“期行”、2 次“期日中”），均解为“约定”，学生在反复诵读中，自能较快掌握此文中“期”的意思。

又如实词“去”，出现了 4 次，均解为“离开”。根据课本注释，学生可以了解此处“去”的意思，但“去”字在现代汉语中排在第一位的解释是“从所在地到别的地方（跟‘来’相对）”，此外还有其他的解释，所以“去”在此文，教师可作为重点教学的词语：“去”的本义是“离开”；“离开”一个地方，当然就跟那个地方有了一定的“距离”；用于使动意义，使离开，意义即是“除去，去掉”。为了进一步深化理解，还可用范仲淹与滕子京的小故事，串起“去”字的理解。

范仲淹与腾子京有患难之谊。子京去（离开）京谪巴陵。去（去除）旧立新，重修岳阳楼。遥望洞庭湖，江水东去（前往，到……去）。回首去（过去的）日，思及故人。然邓州之去（距离）岳阳，九百余里，遂以书抵仲淹，求《岳阳楼记》。

此外，“顾”“舍”两词的学习，亦可用此法，先“随文解字”，再用小故事串起一词多义。

再如，“相委而去”中的“相”字，是难点，需要教师重点讲授。课本注释是“相委而去：丢下我走了。相，表示动作偏指一方。委，舍弃”。看着这样的注释，学生一般还是满头雾水的。为了让学生更好地理解实词“相”的解释，教师须从字源讲起：在《古代汉语词典》中，“相”字表彼此、互相，解为“互相、交互”；又表示动作偏指一方，放在动词前面，可根据情况分别译为“你”“我”“他”等。在文中“相委而去”，“委”解为“舍弃”，“舍弃”这个动作偏指对“我”，整句解为“舍弃我离开了”，这样学生就能理解注释中的“丢下我走了”的含义。

为了加深印象，亦可以《世说新语》中孔融为原型，新编故事，让学生初步了解文言实词“相”的含义，待八年级下册学习《庄子》二则时再详细讲解。

孔融，字文举，孔子二十世孙也。融四岁，能让梨；年十岁，邻人相（观察）其貌，以为福禄之相（形貌，状貌）。后随父到洛，与他人并称俊秀，互曰：“他日莫相（用在动词前，表动作偏指一方）忘。”后任北海相（职官名，国相），以力相（辅佐，帮助）王。

“以教为主，以学为辅”的起始年级文言文教学，能有效降低学生的心理负担，提升学生学习文言文的信心，培养内驱力。

2. 八年级“互学”：同伴互助，教师点拨

理想状态下，学生在七年级的一年时间里，学习了 10 篇课内文言文，重点掌握了 29 个一级常用实词，接触了 32 个二级实词，同时，在教师的引导下，编写了 30 多个常用实词的小故事。可以说，学生已有了一定的文言积累和文言基础。因而，到了八年级，教师可以尝试让学生“互学”：借助工具书，同伴合作互助，随文学习常用实词，教师适当从旁加以点拨。

比如，本书第 1 节统计了八年级下册规划须重点掌握过关的一级实词 16 个、二级实词 16 个，如下表。

册	篇目	文言常用实词（一级）	文言常用实词（二级）
八下 （16）	9.《桃花源记》	复、率、数、悉	闻、得、及、足、绝、志
	10.《小石潭记》	见、居	乐、许
	11.《核舟记》	属、奇	许、若、曾
	21.《庄子》二则	请、相	志、是
	22.《礼记》二则	修、谋、作	归
	23.《马说》（韩愈）	食、足	临
	24.《卖炭翁》（白居易）	得	食

如何进行有效“互学”？

步骤一：先找出文章的一级和二级实词

以《桃花源记》的学习为例，在这篇300字左右的短文中，“复”字出现5次，“闻”字出现4次，“得”字出现3次，“悉如外人”中的“悉”、“咸来问讯”中的“咸”、“皆叹惋”和“皆出酒食”中的“皆”，均解为“全，都”。这些实词是可以在同伴的互学中通过借助注释和工具书看见的知识，也是需要教师点拨、指导深入理解的知识。

步骤二：编串小故事

方法一：引导学生结合关键常用实词，压缩原文。

以实词“复”为例，“复”的本义是“回来”“返回”，故又引申为“回复”（“话”的“回来”）、“报复”（“行为”的“回来”）、“还原”（“返回”、回到原处），还可引申为“繁复、重复”，虚化为副词即“再、又”。在《桃花源记》一文中，出现5次的“复”均解为“再、又”。因此，也可以将带有“复”字的句子筛选出来，再加工成以“复”字串起的故事。如：

渔人捕鱼，忽逢桃花林，甚异，复前行，得一山。从山之小口入，复行数十步，见一美好村庄，村中人生活，悉如外人。村中人语渔人，先世避秦时乱来此绝境，与世隔绝，不复出焉。渔人具言所闻，皆叹惋。余人各复延至其家，皆出酒食。渔人停数日，辞去。出，得其船，扶向路，处处志之。及郡下，诣太守，说如此，太守即遣人随其往，寻向所志，遂迷，不复得路。

方法二：引导学生结合关键常用实词，改编小故事。

我仍以实词“复”为例。教师可以结合引导学生学习陶渊明的经历、背景小文，创设任务，引导学生分小组讨论、编写陶渊明的小故事。此活动成果也可作为学习《桃花源记》一文的别样的写作背景介绍，起到勾连整合效果。

陶潜，字渊明，浔阳柴桑人。潜少怀高尚，任真自得，不慕名利。始为州祭酒，不堪吏职，少日自解归。后州召主簿，不就。复（再、又）为镇军、建威参军。及为彭泽令，时时思复（本义：返回）乡。

一日，郡遣督邮至，县吏白应束带见之。潜复（回复）曰："吾不能为五斗米折腰，拳拳事乡里小人邪！"语罢，解印去职，归隐田园。后作《归去来兮辞》曰："聊乘化以归尽，乐夫天命复（又、再）奚疑。"此之谓"山重水复（重复）疑无路，柳暗花明又一村！"潜之性情品质，亦为后人称诵。

"互学"不仅能加深学生对实词的理解，还可以构建课堂新型师生关系，激发学生潜在的学习能力，让学生站在课堂的中央。

3. 九年级"自学"：以"学"为主，以"教"为辅

通过七、八年级的学习，九年级学生已有了较好的文言文基础，为有效激发学生的学习潜能，提升学生的自主学习能力，教师可在顶层规划的基础上，引导学生自己多进行常用文言实词的前后勾连和整合。

比如，根据《基于大数据分析的初中文言常用实词确定的研究》，九年级下册规划须重点掌握过关一级实词 18 个，二级实词 20 个。如下表。

册	篇目	文言常用实词（一级）	文言常用实词（二级）	备注（未收入 90 个）
九下（18）	9.《鱼我所欲也》	患	已、得	恶、蹴、乡
	10.《唐雎不辱使命》	徒、谢、易	许、说、是	尝、跪
	11.《送东阳马生序》	假、致、坐	穷、走、遗、食	腰、谒
	20.《曹刿论战》	鄙、察、信	安、间、属、作	忠、驱、盈
	21.《邹忌讽齐王纳谏》	朝、期、私	修、孰、闻	美、莫
	22.《陈涉世家》	诚、使	书、数、素、亡	次、下
	23.《出师表》	遗、本、益		奖、效

我以《唐雎不辱使命》一课的学习为例。

步骤一：关注"阅读提示"和"思考探究"，创设"自学"支架

《唐雎不辱使命》是一篇自读文言文。教材的"阅读提示"和"思考探究"分别是：

本文记叙了强大的秦国与弱小的安陵国之间的一场外交斗争。秦王提出以五百里地换取安陵，其实就是想吞并。唐雎临危受命，出使秦国，最终不辱使命，维护了国

家的利益和尊严。阅读课文，想一想，唐雎为什么能让秦王屈服？

一、熟读课文，找出描写秦王情绪变化的词语，说说秦王为什么会有这些变化。二、本文通过人物语言塑造了唐雎这一“士”的形象。仿照示例，另选一处人物语言加以分析。

教材的这些“阅读提示”和“思考探究”为学生提供了自读的支架，教师引导学生如何使用是学生“自学”的关键，我尝试“自读支架 + 常用实词 + 实词串故事”的方式引领学生深入此文的学习。

步骤二：抓住文章的关键实词，串写小故事

《唐雎不辱使命》以对话为主，双方围绕“易地”这一核心问题，展开了激烈的对抗。一个实词“易”使得秦王道貌岸然、假仁假义、虚伪奸诈的形象跃然纸上；同时，也让不畏强权、不卑不亢、义正词严、有理有节、大义凛然的英勇无畏的唐雎的“士”的形象在鲜明的对比中呼之欲出，令人感佩。文本教学离不了咬文嚼字，通过实词教学这个抓手，可以帮助学生充分理解秦王和唐雎的形象。

如，实词“易”在本文出现多达 5 次，其本义为“倾注”，引申为“赐予”，后代一般用“赐记录”这个意义，后逐渐演变为“改变、变换、交易、容易”，在文中都可解释为“交换”之意。可将带有实词“易”的语句筛选出来，用实词“易”来串写实词小故事。

赵得和氏璧，秦王欲以城易（换，交换）璧，蔺相如曰：“秦城不予，璧不可易（容易，轻易）得。”秦王怒，左右欲刃相如，然相如面不易（变，改变）色，应对自如，令秦王不易（轻视）相如。后完璧归赵。

后，秦王故伎重演，欲以五百里之地易（交换）安陵。安陵君曰：愿终守之，弗敢易（交换）！秦王不说。安陵君因使唐雎使于秦。秦王谓安陵君曰：“寡人以五百里之地易（交换）安陵，安陵君不听寡人，何也？轻寡人与？”唐雎泰然对曰：“否，非若是也。虽千里不敢易（交换）也，岂直五百里哉？”秦王怒而曰：“公亦尝闻天子之怒乎？”唐雎则布衣之怒以复，挺剑而起。秦王色挠，长跪而谢（道歉）之曰：“先生坐，何至于此！寡人谕矣：夫韩、魏灭亡，而安陵以五十里之地存者，徒（只，仅仅）以有先生也。”

“自学”是一种行之有效的学习方法，能充分调动学生的主观能动性，学生在独立思考中提升文言文的独立解读和感悟能力。

“故事性教学法既符合新时代语文教学的需求，又符合学生的心理特点，是非常有效的教学方法。”文言实词在初中文言文学习中具有非常重要的作用，教师充分利用故事性教学法，让学生扎实掌握一级和二级文言实词，能有效提升学生的语感能力，让学生更好地理解文意，正如王荣生教授所言：“文言文的章法考究处、炼字炼句处，往往就是作者言志载道的关节点、精髓处。放过、突出、深入、分离的文言字词处理原则促使我们更好地挖掘文言文教学的着力点，方能更好地寻得文言文真正的文化意味。”

第二章

整体性读写教学探索

第7节

初中小说教学的创新与坚守

——以《最后一课》为例

一、学理分析

初中小说教学，承袭了小学阶段小说阅读打基础的要求，又为高中和之后的小说阅读奠基。初中小说教学的创新，与常规教学相比，不再拘泥于仅仅按照探究人物、情节、环境和主题等要素的模式，而应关注每一篇小说自身的特点，再根据小说内容特点采取不同的教学策略，以此引导学生思考和感悟，从而让学生进入小说世界，真正体悟小说本身的独特魅力并获得精神启发。

王荣生教授在《小说教学教什么》中指出："小说教学的关键是让学生进入作者所描绘的小说世界，而不是考查学生小说阅读的产出。"好的小说教学，就是要引导和帮助学生进入到"这一篇"小说所营造的世界里去。小说教学中的阅读是一种学习性阅读，教给学生解读方式是学生学会阅读的关键。在教师引导下，学生通过学习，学会解读"这一篇"小说的方式，就可以轻松地去解读"这一类"小说。这种小说解读能力的迁移是很有价值的。

《义务教育语文课程标准（2022年版）》（以下简称"新课标"）在第四学段"阅读与鉴赏"的课程目标中指出："对课文的内容和表达要有自己的心得，能提出自己的看法，并能与他人合作，共同探讨、分析、解决疑难问题。""能够区分写实作品与虚构作品，了解诗歌、散文、小说、戏剧等文学样式。"新课标要求学生在学习课文时，要有自己的感悟，能提出自己的看法。小说教学的创新还要关注学生的学习情况，提高阅读兴趣，增强阅读感悟。

因此，初中小说教学的创新，既要关注学生的学情，在学生学习性阅读的基础上创新，还应坚守小说的本体性教学内容，依据小说的文本体式，通过“这一篇”的学习，让学生最终掌握读懂“这一类”小说的解读方式。

下面结合北京市第十中学张挥老师的《最后一课》教学设计，探讨初中小说教学的创新与坚守。

二、教学实践

《最后一课》教学设计

张　挥

【教学目标】

1. 从自省、觉悟角度深刻理解小说的主题和内涵。

2. 利用主词探讨领悟小说的精巧安排和写作用心。

3. 通过分析重要语句实现对文本的涵泳品味。

【教学过程】

环节一：初读感受，确“立骨”之词。

1. 导入

读小说的人常会有这样的阅读体验，边读边会不断地冒出各种碎思闪念。读《最后一课》，可以肯定，你也会有这种感觉，下面词云图里的字词哪个是你脑海里闪出最多的？

出示印象词云图：

救亡 厌学 普鲁士 爱国 法兰西 语言 珍惜 忏悔 觉醒 补救 屈辱 最后……

（学生交流、分享：忏悔，爱国，语言，珍惜……）

2. 有人说，读完小说脑海里冒出最多的字眼就是——觉醒！因为这个词与小说的主题最相关，读懂了它也就读懂了小说，你同意吗？

明确：小说写了很多内容，但其实通篇都是在写一个词——觉醒。

环节二：用“觉醒”追问，全方位梳理小说的人物、情节。

1. 阅读课文，思考小说中有谁觉醒。

提示：注意人物的神情、动作、语言等。

明确：（1）小弗郎士；（2）韩麦尔先生；（3）郝叟；（4）前镇长、前邮递员、旁的人、最小的孩子

2. 上面提到的人物都觉醒了，这是不是小说的全部人物？还有一个只在开头出现了一次的人物，他有没有觉醒？何以见得？

明确：不是，还有华西特。

（1）他是在什么背景下出现的？小说对华西特出现的地方有特别说明，是怎么说的？

明确：他带着徒弟挤在镇公所前看布告。特别说明是："最近两年来，我们的一切坏消息都是从那里传出来的。"

（2）这里，小说用了一个特别显眼的动词"挤"。联系对镇公所的说明，从这个动词里你能读出什么？

明确：清楚地显示出华西特是很关心时局的。

（3）朗读品味含义。

用不着那么快呀，孩子，你反正是来得及赶到学校的。

明确：这句话显然不是开玩笑的，分明有另外的含义，既有对小弗郎士不争气的叹息和怨责，也有对时局的无奈和对剥夺法语学习权利的入侵者的愤恨。

（4）品读体会，让学生用直白的方式代入说话人的情感、语气和用意再把这句话说出来。

参考：孩子，你还不知道今天是最后一次学法语，明天就连课也都不能上了，你还这么懵懂无知，无所谓，不加珍惜！

（5）找出对华西特说话意图所作推断的印证情节。联系这部分的照应内容，用具体的意思置换"原来就是这么一回事！"中的"原来"一词。想想，这意味着什么？

明确："原来"也可以置换成华西特的话。这其实就是交代了小弗郎士彻底明白了华西特话的含义，不是开玩笑而是另有深意的。

小结：华西特也是一个觉醒者，他的爱国情感也是被激发出来的。

3. 既然是全体，为何不概说或代表性地交代一下？为什么要不厌其烦地对每一个人物都做交代？这对主题表现有什么好处？

（1）参照示例给每个人物填上档案信息，找出发现。

人物	活动场所	身份	年龄特征
华西特	课外	民众	青年
小弗郎士	课外、课内	学生	幼孩
韩麦尔先生	课内	教师	中年
郝叟	课内	民众	老年
前镇长、前邮递员……	课内	官员、职员	中、老年

明确：各个角色都有其代表性和象征：少中老都有，课内课外都兼顾。郝叟老头们觉醒了，华西特们觉醒了，就连顽童小弗郎士们也觉醒了；课堂内的人们觉醒了，课堂外的人们也觉醒了——象征全体民众的觉醒。

（2）细读描写郝叟部分，思考：

①当小弗郎士看到郝叟等镇上一大帮人都来听课时，他的心理有什么变化？这个变化是谁带来的？

明确：小弗郎士的心理变化：吃惊—“好笑”—万分难过—产生共鸣；是郝叟课堂上的行为表现促动小弗郎士思想的转变，使他开始懂得这最后一课的意义与价值。

②进入教室的小弗郎士感觉到气氛反常，这强调突出了最后一课的非同寻常。这个反常是谁带来的？

明确：还是郝叟！

③阅读第11—17自然段，分析是什么使孩子、成人都放弃了对自己民族语言的珍惜呢？

韩麦尔先生说：“你们的爹妈对你们的学习不够关心。他们为了多赚一点钱，宁可叫你们丢下书本到地里，到纱厂里去干活儿。”“我不是常常让你们丢下功课替我浇花吗？我去钓鱼的时候，干脆就放你们一天假吗？”

明确：是无知，是现实的功利，是个人私心的放纵，是对庸常、不堪的习惯和容忍，才造成眼前的情景。

④如何看待对郝叟这个人物的安排？

明确：郝叟在小说里是次要人物。连一个次要人物都能促成如此深刻的主题内涵，更何况其他人物。小说每个角色都有安排上的意义和作用，缺一不可。

小结：对每一个人物都进行描写，表现出民族危亡时刻激发和唤起的爱国情感的巨大，更能够充分表现全民觉醒的主题。

环节三：领会深刻用意，挖掘主题内涵。

1. 全民都觉醒了，他们觉醒了什么？找出文中所表现的字词句。

学生阅读逐一查找，梳理、分析、提炼、归纳。

（1）小弗郎士：①发现；②明白、醒悟；③反思；④懊悔；⑤期望。

（2）韩麦尔先生：①课上说了哪些话；②神情。

（3）郝叟，前镇长、前邮递员、旁的人、最小的孩子等：①行为；②动作、神情、态度。

明确：他们有各种各样的觉醒，但最终都指向对语言在情感和认识上的觉醒，而且都是在最后时刻觉醒。觉醒之前他们都有不堪的庸常，表现出很多的劣根性。

2. 这样的觉醒揭示出什么。

明确：

（1）民族的觉醒首先是对自己的语言和文化的觉醒，最大的奴役乃是文化的奴役。

（2）但这种在最后时刻激发出来的觉醒，有太多需要反思和批判的地方。

（3）行动才是觉醒的标志和表征。

环节四：借对主词追问，欣赏小说的对比手法。

1. 学生对照表格，填写觉醒前后的情况。

侵略前	侵略后
美好的自然环境	恶劣的社会环境
小弗郎士课前心理	小弗郎士课上心理
韩麦尔先生之前的衣着	韩麦尔先生课上的衣着
学生往日课上的表现	学生今天课上的表现
“严师”	“可怜的人”
“你们的爸妈对你们的学习不够关心。他们为了多赚一点钱，宁可叫你们丢下书本……”	后面几排一向空着的板凳上坐着好些镇上的人
……	……

2. 觉醒得深刻吗？小说是如何让觉醒深刻的？运用了什么方法？

明确：巧妙使用对比手法使这种觉醒突显、深刻，主题得以进一步升华。

环节五：探究领悟小说表达内醒的主题。

是什么促使了这种觉醒？

明确：深藏内心的自觉、自省与救亡意识的唤醒。

环节六：分享认识、感想。

设置问题：这样的觉醒给我们带来的思考和启发是什么？小说用这种觉醒告诉我们什么？

1. 教师提示，围绕参考话题。

（1）语言的认识；（2）常态与应急状态；（3）环境对人的改变的启示；（4）小弗郎士的表现角度的好处……

2. 学生交流，自由发言。

附板书设计：

觉醒

觉醒有谁？	情节人物
觉醒什么？	内涵用意
觉醒程度？	对比手法
觉醒驱动？	内醒主题
觉醒启示？	认识感想

三、教学评价

新课标要求学生欣赏文学作品时，“能对作品中感人的情景和形象说出自己的体验，品味作品中富有表现力的语言”。

张挥老师以新颖、独特的切入点，环环相扣、层层深入地对《最后一课》进行了解读，就创新小说教学做了有益的探索与尝试，值得我们学习与借鉴。归纳起来，有以下三个方面。

1. 确定“主词”，精准锁定切入点

好的小说教学，就是要引导和帮助学生进入到“这一篇”小说所营造的世界里去。张老师注重学生阅读的初体验，成功地抓住解读“这一篇”小说的关键，在设计的第

一个环节，通过借鉴大数据“词云图里的字词”，巧妙地引领学生筛选、确定出教师预设的本课教学的“主词”——觉醒，从而快速、精准地锁定教学的切入点。

2. 围绕“主词”，精当构造聚焦点

一个好的教学设计，其结构是清晰的，课堂活动设计的内在逻辑也是严谨的。张老师的设计，很好地体现了这一特点。围绕“觉醒”这一主词，张老师设计了“有谁觉醒”（少中老都觉醒）—“觉醒什么”（对祖国语言在情感和认识上的觉醒）—“觉醒程度”（巧妙使用对比手法突显深刻的觉醒）—“如何觉醒”（深藏内心的自觉、自省与救亡意识的唤醒）四个主要环节，环环相扣地把小说阅读的方法贯穿其中，从小说人物的语言、动作、神态、心理等方面引领学生进行整体分析，梳理情节，分析人物形象，最后达到欣赏小说写作技巧、理解小说主题内涵、领会作家写作意图的教学目标，整个教学过程不蔓不枝，自然流畅。

3. 基于“主词”，紧扣教学着力点

小说教学中的阅读是一种学习性阅读，其着力点宜从学生阅读时遇到的问题，或是容易忽视的地方入手，教给学生阅读的方法。本节课的教学环节二，对华西特的分析就是学生阅读过程中很容易忽略的地方，张老师通过“该用什么语气朗读华西特唯一说出的一句话”等活动，紧扣语言教学着力点，进行“言”的教学，体现出语文学科的属性。学生经教师的指点、分析，对此有了新的发现和领悟。教师的这一发力，非常有利于学生的学。

四、教学建议

小说阅读教学不是教学生怎么写小说，而是教学生怎么读懂小说。读懂一篇小说需要借助作者写作的表达方式。小说教学的创新，要基于小说的文体样式，教给学生读懂小说的解读方法。结合张老师的教学，我认为还要从两个方面加以注意。

1. 要重视从“这一篇”到“这一类”的迁移

独特的叙述角度、特定的场景叙述是《最后一课》的特色和艺术价值之所在，张老师的《最后一课》教学设计在这一类小说方法上归纳相对忽略。因而，学生也就没有获得阅读具有同种叙述视角的这一类小说的解读方式。理解《最后一课》采用孩童视角的妙处，应是统编教材“积累拓展”中第五大题练习题设计的初衷，这一点应该作为这篇课文的重点。

每一篇小说的教学内容都是特定的，但同时，小说这种文体样式之间又有共通的东西。因此，在教特定的内容的同时，需要勾连到共通的东西。当多篇小说教过之后，也就是说，在一定阶段的小说阅读学习之后，学生会积累一定的小说解读方式。学生再读同类小说时，便能够综合选择或运用这些方式去解读作品。

2. 要关注“学生的学情”

张老师的设计对“教师的教”和“学生的学”定位还可再加强。本节课的设计是教师先定主题、再引领，教学有一定的导向和深度，方便教师开展教学。但是，教学活动毕竟是要以学习者为中心的。完备甚至是过度的预设，往往会影响学生主体性的发挥和生成的效果。教师预设问题的价值，不在于学生会答、能答，而在于促使学生对问题的思考以及去探究文本的语文本体性价值目标。

小说的教学，我们可以这样理解：首先应考虑和尊重的是学习者的“学”，而不仅仅是教师的“教”；小说的创新应坚守小说的本体性教学内容：依据小说的文本体式，通过“这一篇”的学习，让学生最终学到读懂“这一类”小说的解读方式。

（原文题目为《初中小说教学的创新与坚守》，发表于2018年5月《中学语文教学》，结集成书时题目与内容有删改。）

第 8 节

初中课外散文选文标准的探索

一、研究背景与研究对象

（一）研究背景

现代散文在初中语文教学中有着举足轻重的地位，是统编教材的主要组成部分。“在中小学语文教学中，‘散文’特指‘现代散文’”。现代散文（以下简称“散文”）以其优美的语言、丰富的内涵散发着独特的个性魅力。学好散文，不仅能提升文学素养，提高写作水平，还能拓宽视野，丰富精神底蕴，拨亮人生境界。

统编初中语文教材格外注重课外阅读，建构了“教读—自读—课外阅读”“三位一体”的教学体系。为了提升学生的阅读水平，温儒敏教授“建议教师采取‘1+X’的办法，即讲一篇课文，附加若干篇课外阅读的文章”。只是，该选择怎样的课外散文阅读才能与课内教读、自读更有效地结合呢？或者说，初中散文的课外选文依据是什么？标准又是什么？

（二）研究对象

《义务教育语文课程标准（2022 年版）》提出：“义务教育语文课程标准突出内容的时代性，充分吸收语言、文学研究新成果，关注数字时代语言生活的新发展，体现学习资源的新变化。强调课程内容的典范性，精选文质兼美的作品，重视对学生思想情感的熏陶感染作用，重视价值取向，突出社会主义先进文化、革命文化、中华优秀传统文化。”《普通高中语文课程标准（2017 年版 2020 年修订）》也提出：“教材中的选文应具有典范性和时代性，文质兼美，体现正确的政治导向和价值取向。”

基于课程标准，笔者以统编教材与近十二年（2010—2021 年）全国的中考散文试题为研究对象，交叉运用内容分析和量化分析，将教材及试题中隐含的信息以数据的方式呈现，并对其进行分析，探索课外散文的选文标准。

二、数据研究及分析

（一）统编初中教材课内散文分析

1.“教读”“自读”散文情况

笔者对现行教材进行了分类统计，相关数据见图 1、表 1—表 4。

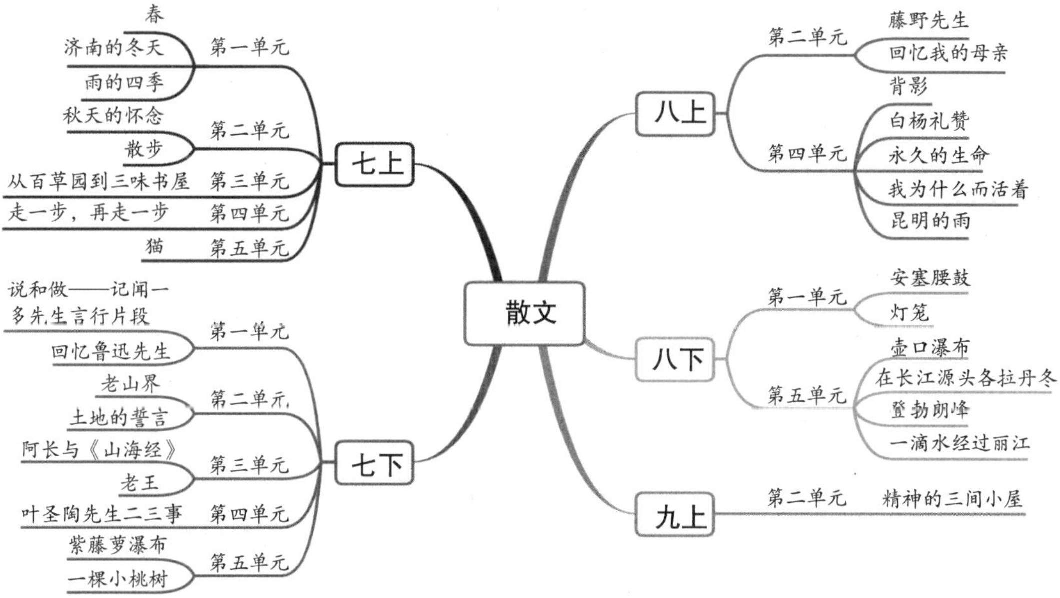

图 1　统编教材散文分布情况

图 1 说明：课内共选编 31 篇散文，分布在除九下以外的各册课本。其中，七年级没有独立的散文单元；八上第四单元为散文单元，五篇文章涉及散文多种类型和多样主题；九年级只有一篇议论性散文，放在议论文单元。

表 1　课内散文选篇统计

年级	项目		
	教读课篇数及占本册散文比	占散文总篇数比	每篇平均字数
七年级（17）	12/70.6%	54.8%	1974
八年级（13）	6/46.2%	43.3%	1640
九年级（1）	1/100%	3.3%	1636
合计（31）	—	—	1810

表 2　课内散文主题、类型统计

年级	项目	
	相关主题 / 内容	类型
七年级	七上：四季美景、挚爱亲情、学习生活、人生之舟 七下：群星闪耀、凡人小事	七上：写景散文、叙事散文 七下：叙事散文、写景散文
八年级	八上：个人志趣、挚爱亲情、哲理之思 八下：山川风物	八上：写景散文、叙事散文 八下：叙事散文、抒情散文、议论性散文、写景散文、游记
九年级	九上：哲理之思	九上：议论性散文

表 3　课内散文出处统计

年级	项目		
	报纸	杂志	文集
七年级	《中国青年报》（1985年8月2日）、《人民日报》（1980年2月12日）	《散文》（1989年第4期）、《读书》（1990年第1期）	《朱自清全集》、《老舍全集》、《史铁生散文选》、《朝花夕拾》（2篇）、《郑振铎选集》、《心理学与成长》、《萧红全集》、《杨绛散文》、《宗璞：铁箫人语》、《平凹散文》、《中国新文学大系 1937—1949·散文》、《心理学与成长》
八年级	《人民日报》（1986年10月3日）	《课堂内外》（2013年6月号）	《朝花夕拾》《朱德选集》《朱自清全集》《茅盾全集》《严文井选集》《罗素自传》《汪曾祺全集》《吴伯箫散文选》《梁衡文集》《藏北游历》《远处的青山》
九年级	—	—	《毕淑敏散文》

基于课内散文的选篇、主题、类型、出处等数据统计，分析如下：

（1）散文的比重七年级最大

由图1和表1可知：七年级散文在整个初中阶段散文中占比最多，散文阅读总字数、每篇平均字数、教读篇数均比八、九年级高。这说明三个年段的编排，七年级关注具有普遍意义的阅读，选文倾向于散文为主；八、九年级以文体阅读为核心，交叉安排了散文阅读。

（2）散文的主题由浅到深

由表2可知：七年级以写景类和叙事类散文为主；八年级仍以写景和叙事类为主，囊括了抒情类、议论类和游记类；九年级以议论类为主。七年级散文主题主要是一些感性的话题，贴近学生的生活，八、九年级则涉及个人志趣、哲理之思等相对理性的话题。初中三年的课内散文主题由感性到理性，由浅到深。

（3）散文的出处多元丰富

由表3可知：教材里的散文，主要选自以作家专辑为主的文集，31篇散文中有26篇，占总篇数的83.9%，其余选自报纸和杂志；选文的作者，一是中国现当代著名作家居多，也有部分外国著名作家，二是鲁迅、朱自清、老舍、史铁生、杨绛等名家的作品，既入选统编教材，也曾是原人教版教材的经典篇目。

2. 教材“1+X”推荐的“课外阅读”散文情况

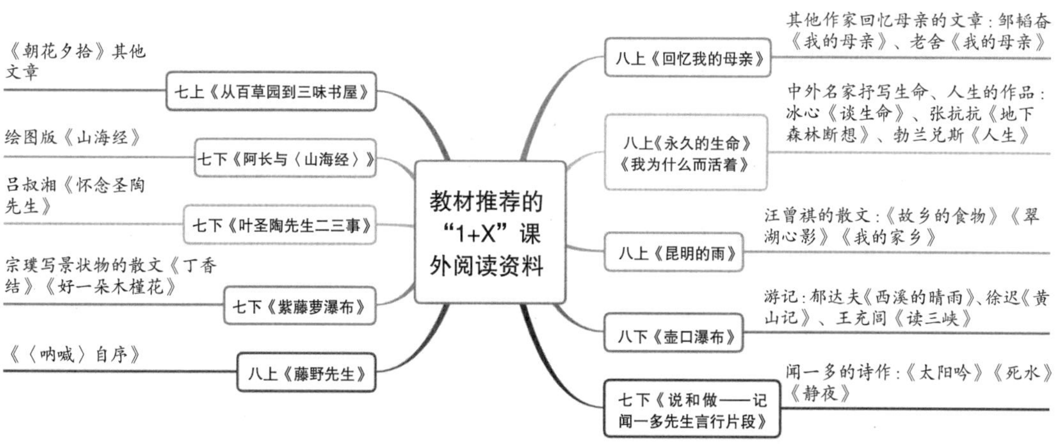

图2 教材推荐的“1+X”课外散文阅读资料分布情况

表 4　教材推荐的“1+X”课外散文阅读资料

“1+X”阅读类型	作品
同作家同风格	七上《从百草园到三味书屋》、七下《紫藤萝瀑布》、八上《昆明的雨》
同主题	八上《永久的生命》《我为什么而活着》
同文体	八下《壶口瀑布》
比较阅读	七下《叶圣陶先生二三事》、八上《回忆我的母亲》
补充阅读	七下《阿长与〈山海经〉》、七下《说和做——记闻一多先生言行片段》、八上《藤野先生》

说明：教材在教读课后的助学系统“积累拓展”推荐了部分课外阅读资料，包括“同风格阅读”“同主题阅读”“比较阅读”以及“补充阅读”资料等。

（二）2010—2021 年全国各地中考散文选文统计与分析

笔者搜集整理了 2010—2021 年全国各地中考散文选文共 655 篇，并从散文类型、主题、作者、出处等对其进行数据统计分析，详见表 5—表 9。

表 5　2010—2021 年全国各地中考散文统计 1

（655 篇）

项目		时间											
		2010	2011	2012	2013	2014	2015	2016	2017	2018	2019	2020	2021
统计篇（次）数		42	61	89	66	51	54	40	35	43	51	60	63
占比	叙事散文	30.9%	55.7%	46.1%	45.5%	43.1%	27.8%	15%	48.6%	58.1%	47.1%	46.7%	60.3%
	抒情散文	16.7%	2.4%	34.8%	39.4%	27.5%	44.4%	62.5%	28.6%	16.3%	23.5%	20%	20.6%
	写景散文	16.7%	24.6%	13.5%	6.1%	17.6%	3.7%	0	5.7%	9.3%	15.7%	16.7%	9.5%
	议论性散文	14.3%	4.9%	3.4%	9.1%	11.8%	18.5%	17.5%	11.4%	9.3%	3.9%	11.7%	6.3%
	其他类（游记）	21.4%	9.8%	0	0	0	5.6%	5%	5.7%	7%	9.8%	5%	3.2%
平均字数		1152	1228	1514	1525	1510	1534	1615	1567	1504	1570	1011	1319
广东省字数		—	—	1231	—	—	—	—	—	1325	1318	1410	—

表 5 说明：选文的字数不包括标题和作者。广东省仅 2012 年、2018 年、2019 年、2020 年考查了散文，故只统计此四年字数

由表 5 可知：在全国各地近十二年考查的 655 篇散文中，叙事类散文 293 篇，占 44.7%；抒情类散文 182 篇，占 27.8%；写景类散文 77 篇，占 11.8%；议论性散文 62 篇，占 10.4%；35 篇游记，占 5.3%。全国近十二年平均字数为 1414 个；广东平均字数为 1321 个。

表 6　2010—2021 年全国各地中考散文统计 2

（655 篇）

项目		时间											
		2010	2011	2012	2013	2014	2015	2016	2017	2018	2019	2020	2021
统计篇（次）数		42	61	89	66	51	54	40	35	43	51	60	63
占比	生活感悟	42.9%	36.7%	31.5%	30.3%	39.2%	42.6%	22.5%	42.9%	27.9%	39.2%	36.7%	34.9%
	家国情怀	21.4%	13.1%	21.3%	18.2%	25.5%	31.5%	30%	25.7%	23.3%	23.5%	26.7%	7.9%
	挚爱亲情	7.1%	24.6%	25.8%	15.2%	13.7%	9.3%	17.5%	11.4%	20.9%	23.5%	23.3%	25.4%
	人性光辉	16.7%	13.1%	14.6%	18.2%	2%	7.4%	12.5%	8.6%	7%	7.8%	6.7%	12.7%
	成长花絮	9.5%	13.1%	5.6%	7.6%	7.8%	1.9%	5%	5.7%	9.3%	0	3.3%	19.1%
	其他主题	2.4%	0	1.1%	10.6%	11.8%	7.4%	12.5%	5.7%	11.6%	5.9%	3.3%	0

表 7　2010—2021 年全国各地中考散文选文作者统计

作品数量	作者
11	迟子建
10	丁立梅
9	林清玄、梁衡
8	贾平凹、肖复兴
7	张晓风
6	朱自清、毕淑敏、李汉荣
5	冯骥才、丰子恺、周涛、沈从文、季羡林
4	冰心、汪曾祺、宗璞、刘成章、龙应台、王本道

表 7 说明：（1）统计的 655 篇文章，其中有 117 篇佚名。另外部分只选用 3 篇及以下的作者限于篇幅未一一呈现。（2）入选散文作者大部分为现当代名家。其中朱自清、贾平凹、梁衡、毕淑敏、冰心等名家作品均有入选教材。

表 8　2010—2021 年全国各地中考散文出处统计 1

项目	时间											
	2010	2011	2012	2013	2014	2015	2016	2017	2018	2019	2020	2021
统计篇（次）数	42	61	89	66	51	54	40	35	43	51	60	63
报纸	2.4%	6.1%	6.7%	10.6%	13.7%	22.2%	10%	25.7%	18.6%	21.6%	8.3%	31.7%
杂志	19%	36.1%	27%	24.2%	17.6%	13%	12.5%	22.9%	11.6%	19.6%	20%	23.8%
文集	23.8%	6.1%	12.4%	18.2%	25.5%	25.9%	27.5%	8.6%	20.9%	25.5%	26.7%	19.1%
网络	2.4%	0%	1.1%	1.5%	2%	1.9%	0%	0%	0%	0%	0%	1.6%
未注明出处	52.4%	50.8%	53.9%	45.5%	41.2%	37%	50%	42.9%	48.8%	33.3%	45%	23.8%

由表 8 可知：在近十二年的 655 篇散文中，有 141 篇出自杂志，占 21.5%；128 篇出自文集，占 19.5%；94 篇出自报纸，占 14.4%；6 篇出自网络，占 0.92%；287 篇未注明出处，占 43.8%。

表 9　2010—2021 年全国各地中考散文出处统计 2

项目	出处（报纸、杂志、文集名称，及入选篇数在 2 篇以上）（部分）
报纸	《人民日报》（31）、《光明日报》（13）、《文汇报》（6）、《西安晚报》（4）、《新民晚报》（3）、《扬子晚报》（3）、《郑州日报》（2）、《羊城晚报》（2）等
杂志	《读者》（17）、《散文》（14）、《思维与智慧》（9）、《文苑》（9）、《青年文摘》（8）、《意林》（8）、《散文选刊》（7）、《散文百家》（4）、《美文》（4）、《知识窗》（3）、《最阅读》（2）等
文集（概述）	大体分三类：一是年度散文精选集，二是优秀散文合集，三是现当代名家的散文集
网络	中国新闻周刊公众号、新浪博客、央视国际网：电视散文、曹积三的博客、1 篇只在文末注明来自网络

由表 9 可知：近十二年中考散文选文中，报纸排名前二的为《人民日报》《光明日报》，其余多为各地的权威报纸；杂志的出处排名在前二的为《读者》和《散文》。《思维与智慧》《文苑》《青年文摘》《意林》等杂志入选的作品也相对较多。

基于 2010—2021 年全国各地中考散文统计数据，分析如下：

1. 考查的散文类型，主要是叙事与抒情散文

叙事或抒情类散文最受命题者青睐，两者占比基本超 70%，有些年份甚至逾 80%。写景散文的比例也不低，2011 年有近 25%。议论性散文、游记类等也兼顾。这表明从散文类型的角度展开选文标准探讨时，基本上以叙事、抒情类散文为主，可适当兼顾写景、议论性散文、游记类散文。

2. 考查的散文主题，重在生活感悟与家国情怀

生活感悟与家国情怀主题的散文是最热门的选文，两者占比基本超 50%。其中，2015 年甚至逾 70%。其次是挚爱亲情主题，2011 年、2012 年、2018 年、2019 年、2021 年均有近 25%。此外，人性光辉、成长花絮主题等也兼顾。这表明从主题角度展开选文标准探讨时，以生活感悟与家国情怀为主，可适当兼顾挚爱亲情、人性光辉、成长花絮等主题。

选文体现文质兼美的特点，名家经典之作为命题首选，此类文章既能考查学生的语文素养，又能凸显思想性、审美性，符合“在语文学习的过程中，培养爱国主义、集体主义、社会主义思想道德和健康的审美情趣”的导向。

3. 考查的散文篇幅，主流是约 1500 字

从表 5 可知，全国各地近十二年中考散文的平均字数是 1415 字，比统编教材的 1810 字略少；广东省中考散文平均字数为 1321 个字，比全国少了 94 个字。其中，有七年是在 1500—1600 字之间，考生一般在 3 分钟内阅读完毕。所以，1500 字左右的选文比较符合课标要求，符合学情与考情。

4. 考查的散文出处，主选名家名作

从表 7 可知，命题者所选的作品作者，一是其作品已入选教材的现当代名家，一是得到广泛认可的现当代作家。从表 8、表 9 可知：从文集所选的文章，一般是经过沉淀的、富有文化内涵的经典作品；从权威报纸和杂志所选的文章，一般是与生活联系紧密的、具有时代气息的、得到认可的作品。

散文阅读文本选择的丰富性，体现了当今阅读材料来源的多样性，贴合当前学生

的阅读环境，能间接推动学生阅读报刊等资料，扩大阅读面。

三、课外散文选文标准的探索

散文选文的多样性和趋向性体现了语文阅读材料的丰富性和人文性，体现了文化内容的隐性渗透、知识的显性呈现。基于以上分析，依据“标（课程标准）、教（课内散文）和评（近十二年各地中考散文）”三个维度，立足当下散文教学的实际，初中课外散文选文既要注重文本自身的可读性，又要激发学生兴趣、尊重学生个性发展，力求落实“提高思想道德修养和审美情趣，逐步形成良好的个性和健全的人格”的目标要求，关注学生实际与现实生活的联系，充分考虑学生的年龄特征、生活阅历，注重情感、态度、价值观导向，力求丰富学生的人生体验。

1. 选文的主题，要富有文化内涵和时代气息

“散文流露作者的心扉，读者以自己的心扉打量散文，阅读散文是心与心的碰撞、交感，阅读散文，自始至终都在‘散文里’，外在于散文的客观的言说对象，不在散文‘阅读’和散文教学的视野里。”

教材是最好的例子。课外散文的选文要与统编教材大体同步，但又不拘泥于教材。课外散文的选文要故事性较强、富有生活气息和时代气息，选文的主题既要符合初中生学情特征与学科的必然要求，又要文质兼美、注重传统文化的传承，包括人格修养、家国情怀、社会关爱、责任担当。

其中，七年级着重培养学生的朗读、默读能力，体会散文作品中蕴含的真与美，初步了解、感知散文“形散神不散”的特点，以适宜朗读的散文为宜；八年级重在能够简单地概括和提炼作者的思想观点，大概理解作者的思想感情，理性分析与评价情感是“怎样表现”的，以手法与情感丰富的散文为宜；九年级则侧重于相对更为抽象与陌生的主题，赏析散文的结构美和语言美，体会散文的意境美和情感美，进而实现阅读能力的高阶目标，以内涵相对丰富与文化气息浓郁多元为宜。

此外，还应开展群文阅读，以提升学生的阅读数量、质量和速度。群文主题包括：作家关联式，即同作家同风格的“1+X”阅读；主题延伸式，如同主题“1+X”阅读、同主题不同作家作品“1+X”比较阅读；写作表达式，如与课文章法、写法、手法等表达角度相关的散文等。

2. 选文的类型，要重视叙述等写实类作品

综合统编教材和全国各地中考试题选文来看，贴近学生生活、符合学生认知程度的写人叙事散文占主导地位。课外散文的选文“应体现学科课程对学生应会的阅读能力的诉求和社会对学生阅读能力发展的诉求，从中体现学生的理解分析能力及鉴赏评价能力，从而充分体现语文学科评价的特点”。

因此，从文体和表达方式上来看，整个初中课外散文选文宜以写实类为主。其中，建议七年级以叙述为主；八年级以叙述为主，兼顾描写、抒情；九年级综合考虑叙述、议论等。

3. 选文的篇幅，重在千五字文

综合教材选文和全国各地近十二年中考散文的平均字数，1500字左右的课外散文选文既符合“阅读一般的现代文，每分钟不少于500字”的要求，又符合学情与考情。其中，建议七、八年级的字数以1200—1600字为宜；九年级可在1400—1800字。当然，这只是个大概，不必完全拘泥，尤其是九年级，因为还涉及初、高中的衔接和不同层级学生的需求。

4. 选文的出处，首选三“名”：名刊、名家、名篇

当下的阅读环境略显芜杂，散文作品良莠不齐，课外散文选择名刊、名家、名篇，不仅可以保证质量，还可以让学生更好地感受到经典的文学价值和人性力量，建立文化自信。根据初中生的认知特点和阅读水平这一学情，立足本文的各项数据，经过验证与筛选，明确课外散文选文篇目的出处：

一是以中国现当代著名作家散文集为主。如鲁迅、朱自清、老舍、杨绛、史铁生、宗璞、迟子建、丁立梅、林清玄、贾平凹、梁衡、肖复兴、张晓风、毕淑敏等名家名篇。

二是权威报纸或核心期刊中文质兼美、语言文字典范的散文的辑录。如《人民日报》《光明日报》《文汇报》《新民晚报》《扬子晚报》和《读者》《散文》《思维与智慧》《文苑》《意林》等。

阅读是运用语言文字获取信息、认识世界、发展思维、获得审美体验的重要途径，语文学习要兼顾语文课程的工具性和人文性，要指向学生的终身发展。纵观统编教材篇目和近年来全国各地中考散文阅读材料，无不体现文质兼美的特点，无不关注学生的语用能力、审美能力等语文素养。初中阶段的散文学习，承上启下，意义重大。为了更精准、高效地展开选篇，确定科学、适宜、分年级的标准是非常有必要的。有了标准，

课外散文篇目的选定就有了依据，从而为进一步开展散文教学和评价廓清了道路。

（原文题目为《基于评价角度的初中课外散文选文特点研究》，发表于2021年12月《语文教学与研究》，结集成书时题目与内容有删改。）

第9节

单元整体读写教学实践探索

——以八年级读写单元设计为例

一、基于现状，谋求读写结合的突破点

八年级是承上启下的关键阶段，是学生心理、生理发生变化的重要节点。学生们虽然积累了一定的写作技巧，但限于认知与写作水平，欠缺对生活素材广度的积累和对生活深刻的认识，在单元整体读写能力上缺乏有效的引导与提升。他们思想单纯重视感情，但缺乏理智和辨别能力；意志力在发展，但还不够坚强，经常把坚定和偏执、勇敢和冒险、个性和任性混为一谈。这些心理情感发展的不平衡，也直接影响写作。

从教材和教学来看，现行统编初中语文教材采用“双线组织单元结构”，按照“内容主题”组织单元，形成一条贯穿全套教材的显性线索；又将“语文素养”的各种基本要素，分成若干个知识、能力“点”，由浅入深，由易及难，分布并体现在各个单元的课文导引或习题设计之中。八年级教材共有12个写作指导，除新闻、说明文、演讲稿等几个写作教学任务外，只有7个记叙文写作单元。在日常教学中，我们感受到，如果仅仅依靠教材序列进行常规写作教学，效果是不太理想的。

如何引导八年级学生从知识、学法、思维、表达、情感、品质等各方面综合提升写作素养？我们尝试寻求解决初中语文存在的单篇教学之间的零散性、知识理解的浅层性和单元读写的割裂性等问题，谋求单元整体的读写教学方式作为阅读与写作教学的新出口、寻求提升学生写作水平的突破点。

二、系统设计，寻求单元整合的支撑点

高中新课标指出:“重视以学科大概念为核心，使课程内容结构化，以主题为引领，使课程内容情境化，促进学科核心素养的落实。”单元整体读写教学设计，就是从结构化的角度重构课程知识，将“单元”视作一个整体，注重“单元”内部的联系与比较，把具有相同主题和同类特征的文本，根据课标、教材、学情构成读写“单元”，在遵循教材单元体例、知识、技能和概念的前提下，由个别到一般，由具体到抽象，构建起八年级单元读写最精华、最有价值的学科核心目标。

为此，笔者系统概括了选文内容，勾连了表达细节，厘清了教学方向。通过类比辨析、统整联系、评写循环等方式引导学生整体化、序列化、结构化、系统化地提升阅读与写作水平，尽可能避免碎片化、浅层化学习，使学生在富有情境的语文活动中，不断地探究继而获得读写知识的有效迁移与应用。

“作文教学应该成为一种在真实或者拟真环境中的书面语篇建构。”笔者以读写单元目标为导向，不拘泥于单一知识点或单一文本的读写，尝试打破原有的教材单元壁垒，从学生深度学习与解决生活实际问题出发，补充合适的经典作品，用全新的任务式、活动式、项目式的方式，落实程序性知识和语言认知知识，开阔视野，提升思维。表 1 呈现了八年级读写单元的逻辑结构，主要是“三环三定”——

环节一：确定读写主题。针对八年级学生的写作困境，笔者把教材阅读篇目、教材写作指导和八年级学生应具备的写作能力综合分析，形成一个八年级记叙文写作的核心概念，共分八个学习主题，作为教材常规教学的有益补充。

环节二：确定读写目标。根据课程标准和教学素材，用阅读的趣味激发写作表达的兴趣，拓宽阅读，丰富写作内容的广度，提升阅读思考的高度，挖掘写作思维的深度，在大量语言材料的涵养中，培养自觉运用手法技巧提升写作水平的能力。

环节三：确定阅读文章。以读写主题为核心，每个主题遴选文质兼美的课内、课外选文作为学生的阅读材料。笔者以此为单元教学的素材，制作一个个记叙文读写微课程。

表 1 八年级读写单元的知识内容结构图

单元序号	人文主题	核心目标	单元类文本	训练点（写作手法、技巧）
第一单元	感念师恩，回眸成长	关键审题，独特立意	（1）《藤野先生》（鲁迅） （2）《再塑生命的人》（海伦·凯勒） （3）《我的老师》（魏巍） （4）《我的老师》（莫言） （5）《我的老师》（苏叔阳） （6）《王几何》（马及时） （7）《我的一位国文老师》（梁实秋） （8）《我的老师》（贾平凹）	学习写人：审题会抓关键词，立意独特、有新意；选材典型，能突出人物独特之处；组材有顺序、有逻辑性，符合写作目的
第二单元	消弭距离，读懂父亲	选材的多角度、多侧面的关联	（1）《背影》（朱自清） （2）《时光里看见你隐匿的痛》（安宁） （3）《父亲的针线活》（周莹） （4）《父爱的滋味》（冯八飞） （5）《父爱之舟》（吴冠中） （6）《我的父亲》（莫言） （7）《酒》（贾平凹） （8）《多年父子成兄弟》（汪曾祺）	学习写人：多角度、多侧面的观察力。选材独特，描写细腻，情感丰富
第三单元	穿越琐碎，拥抱母亲	典型语言和关键行动的统一	（1）《回忆我的母亲》（朱德） （2）《我的母亲（老舍） （3）《我的母亲》（邹韬奋） （4）《母亲的羽衣》（张晓风） （5）《不让母亲心疼》（刘庆邦） （6）《蜕变》（蔡灏淇） （7）《是谁爱着你的背影》（邓迎雷） （8）《母亲的那棵月季，很乖》（鲁北明月）	学写传记：叙述真实可信；发挥想象填补事实空隙；记录典型语言和关键行动，让人物自行展现思想性格
第四单元	少年心事，顿悟突破	动作特写与心理反思的一致	（1）《捅马蜂窝》（冯骥才） （2）《竹篾》（左建明） （3）《词典的故事》（阿来） （4）《少年护城河》（肖复兴） （5）《我和橘皮的往事》（梁晓声） （6）《高高的白杨》（毕淑敏） （7）《被雨打湿的杜甫》（肖复兴） （8）《为梦想拼尽全力》（骊尘）	学习写事：动作特写，心理反思。语言连贯：一段话保持话题统一，一句话保持主语一致，句式一致；有合理顺序，句子间过渡衔接，适当运用关联词、提示语

（续表）

单元序号	人文主题	核心目标	单元类文本	训练点（写作手法、技巧）
第五单元	走进民俗，文化自信	多种表达方式的综合运用	（1）《社戏》（鲁迅） （2）《回延安》（贺敬之） （3）《安塞腰鼓》（刘成章） （4）《灯笼》（吴伯萧） （5）《云南的歌会》（沈从文） （6）《端午的鸭蛋》（汪曾祺） （7）《一滴水流过丽江》（阿来） （8）《昆明的雨》（汪曾祺）	语言风格：崇敬惊叹的眼光、平等尊重的心灵、亲切喜爱的笔触。综合运用表达方式；学习写整句、散句、长句、短句；学习名家语言，尝试打造自己的语言风格
第六单元	家国情怀，共同血脉	悬念波折、适当的联想和想象丰富细节	（1）《童年杂忆》（冰心） （2）《燕子》（席慕蓉） （3）《大国手》（白文玲） （4）《龙虎斗》（梁刚） （5）《最精彩的表演》（陈炳熙） （6）《老人与兵》（周海亮） （7）《塞外的春天》（梁容若） （8）《望北哨所》（石钟山）	学写故事：有头有尾，有悬念有波折；写结尾的技巧；人物形象丰满，有血有肉；适当的联想和想象来丰富细节
第七单元	关注弱者，悲悯仁心	先抑后扬，制造波澜	（1）《阿长与〈山海经〉》（鲁迅） （2）《老王》（杨绛） （3）《一件小事》（鲁迅） （4）《信客》（余秋雨） （5）《苦恼》（契诃夫） （6）《快乐的二傻》（陈永林） （7）《快手刘》（冯骥才） （8）《山果》（黄兴蓉）	史家笔法：不隐恶，不虚美。先抑后扬，突出美德，制造波澜。“当时的我”和“现在的我”两个视角形成张力，丰富作品中对人物的情感和认识的层次
第八单元	物我合一，内涵深厚	托物言志，多角度写景	（1）《白杨礼赞》（茅盾） （2）《紫藤萝瀑布》（宗璞） （3）《闲读梧桐》（孙海） （4）《马缨丹翻身》（林清玄） （5）《洞茶》（毕淑敏） （6）《白蝴蝶之恋》（刘白羽） （7）《玉簪花》（许松华） （8）《生命的选择》（雷抒雁） （9）《像花生一样活着》（耿艳菊）	托物言志：由写物到写志，学写过渡句、卒章显志。学会写景：角度，形声色味；感受，视听嗅触；视角，俯仰近远；动静相衬，融入情感

由表 1 可看出，我们从课内单元主题出发，整合成新的读写单元体系，力图改进纯粹以知识点、能力点为体系的教学，改变分析型的文本解读模式，从知识取向转向关注学科核心素养的培养，将整个读写单元教学任务组合成一个系统的、循环提升的整体，从而使读与写从零散走向整合、从个别走向整体、从碎片走向整块，加强语文学习与现实生活的联系、与学生个人生活经验的联系，凸显与聚焦指向问题解决所必需的观察力、思考力、判断力和写作力培养，为表达寻求支撑。

三、读写探索，追求写作实践的增长点

（一）丰富情感体验，弥补选材组材的盲点

学生阅历有限，写作视野相对狭窄，写作实践中选材是一个盲点。在没有开展单元教学之前，关于父亲，他们的认知比较肤浅，选材多是送伞、送饭、送去医院、亲子冲突等。笔者以第二单元“消弭距离，读懂父亲”为例，通过单元整合的、指向表达的阅读整体读写活动，较好地弥补了这个不足。

活动一：眼中的父亲

开展真实性阅读，为学生能解决真实写作情境中的问题而阅读与储备。课堂上，以“这是一位________的父亲，最让我感动的细节是________”句式来进行口头表达。学生们感受到一个个独特而又真实的细节的魅力，也体验到了父亲们的艰难、细腻、笨拙、慈爱、开明、质朴、谦卑、睿智……领悟到要透过生活现象去挖掘并认识他们以前并不真正了解的父亲；课后作业是亲子共读会：孩子读《背影》，与父母一起讨论“我们该怎样理解‘这位’‘父亲’”，请母亲讲一讲自己所不知道的关于父亲的事情。活动设计的初衷是让学生学会换位思考，从多个侧面去发现并重新认识父亲，积累细腻材料、丰盈情感体验。

活动二：口中的父亲

以“我和父亲的那件小事”为标题，开展讲述活动。请小组里的其他同学、也可请主讲者的母亲一起来参与评价：这是一位怎样的父亲？同时评价这段讲述是否生动、是否像单元类文那样打动、吸引人。

活动三：笔下的父亲

把前面的认知写作成文，要求：选材独特、描写细腻、情感丰富。课内作业是依据本次要求制作评价量表，课外作业是把作文读给父亲听，请父亲点评。

学生在单元整体读写活动中变化明显：从读的角度，学生再读此类文章，感受到不同文字表现各异的形象美、情感美，生命体验与情感体验得以丰富；从写的角度，主要体现在选材方面更独特、更新颖，同时更有意识关注细节与情感，基本做到两“情”（情节、情感）相悦。

（二）提升思维品质，锤炼审题立意的特点

在单元整体读写中，我们鼓励学生认真地观察、比较，大胆地运用求异思维，比较对照主题、题材相似的文本，求异求同，提升思维的敏捷度和灵活性。我们以第一单元“感念师恩，回眸成长”为例，开展整体读写循环活动。

活动一：比较归纳，揣摩辨析

在阅读中异中求同，同中见异，引导学生在突破选材藩篱后，领悟组材的窍门。运用“比较”“归纳”“揣摩”等方法，引导学生体会、辨析这一单元写老师的文章，在人物、选材、结构、表现手法、语言风格等方面有哪些异同点，用“读后感”“小练笔”等方式呈现阅读收获。

活动二：联系自我，联系生活

打开自己的记忆宝库，以生活真实为基础，选取最动人心扉的人物，回眸最刻骨铭心的事件，定格感人至深的瞬间，细数最让人留恋的时光，反观最青涩懵懂的初见，记录最痛彻心扉的离别……把少男少女那些具体、直观的终身难忘的材料写进作文里。

活动三：评写循环，知行合一

第一步，初次评价。引导学生依据自评互评量表，对所写作文进行初评。第二步，重新认知。推荐贾平凹的《我的老师》，进一步开拓学生选材视野的广阔性，训练审题的灵活性、立意的深刻性，让学生领悟：所有能带给我们启示的，使我们成长、进步的人、事、物、景，都可以称作“老师”。第三、四步，二次创作、二次评价，评写循环。

基于单元的整体读写，把审题、立意、选材、组材等写作知识作为支架自然融入写作情境中。写作知识是为解决学生遇到的写作困难而存在，完成写作任务而准备的，而不是孤立出现。整体的单元读写，学生大胆地运用求异思维，比较对照主题、题材相似的文本，求异求同，更能提升思维的敏捷度、灵活性、深刻性和批判性。

（三）培育审美情趣，突破技巧手法的难点

运用写作技巧与手法，向来是写作难点，尤其如“托物言志”类，于八年级学生而言，是一个不小的挑战。第八单元以“物我合一，内涵深厚”为主题，我们开展以指向技巧、手法的整体读写专题活动。

活动一：比较阅读，加强认知

学生以“作者写了一个________物，着重突出它________特点，象征________人或抒发作者的________情志”为话题进行赏析。我们引导学生去探索写作共同点，通过分析、提炼和概括，发现托物言志手法的妙用，目的是让学生举三反一，强化认知。

活动二：细读文本，品悟手法

引导学生任选两篇文章细读文本，进行“批注”式阅读。文本细读与单元整体阅读相结合，引领学生突破难点：“物”与“志”的关系究竟是怎样建立起来的。引导学生领悟掌握表达过程、行文过程中的显性策略：

问题 1　作者善用拟人修辞手法描写物，运用了哪些词语让物具有了灵性、人性？

问题 2　哪些句子和描述使这个物不再是物象本身，而成为一个意象？

问题 3　勾画、批注并积累由写物到写人的过渡句和卒章显志的句子。

问题 4　勾画、批注写物（景）的顺序和角度。（根据写作困难程度提供支架）

活动三：当堂写作，及时评讲

不另赘述。学生在阅读鉴赏品味语言的同时也必然体验到丰富的情感，激发起内在的审美想象，感受到思想的魅力，在读写整体活动中逐渐学会运用口头和书面语言去表现美和创造美。

“写作课程应该关注动态的研究而非静态的分类，关注能力的发展过程而非学科系统框架，着眼于行为的引导而非概念的辨析”。“写作课程是属于‘处方’性质的课程，其要旨在于‘改进写作学习’而不是‘描述写作学习’，不是侧重‘知道某个知识’，而是侧重‘知道怎样去做’”。确实，我们尝试开展单元整体读写教学，就是以单元目标为导向，以一个专题或学科核心要素重构单元，打破原有的单篇壁垒，寻求学生核心素养的新的增长点，强化语言实践，在真实的写作情境中提升学生的语文素养。

（原文题目为《单元整体读写教学实践探索——以八年级读写单元设计为例》，发表于 2022 年 7 月《中学语文》，结集成书时题目与内容略有删改。）

第 10 节

基于教材核心段落的读写教学探究

一、研究的起点

（一）教学分析

从初中语文阅读与写作教学的现状来看，有不少教师的阅读与写作教学仍处在一个“高耗、低效、无序、乏味”的状态之中，教师看似“扎实”“厚实”地“输入”甚至是“注入”，学生语文学习的负担重、压力大，所教内容不够凸显文本的核心价值、学生所学不够凝练。究其原因，主要是我们教师始终没有正确建立起课型理念，没有打破“单课教学”的模式，语文教学内容要么杂乱无序、不确定，要么指向文本的内容而不是文本的表达形式，读与写、讲与练、知识与能力脱节。用单一的思想性取代文学性，把语文教学异化或泛化为架空文本，脱离语言的、空洞抽象的、贴标签式的道德说教。

（二）评价分析

我们再来看看有些地方的中考原题：

例 1　请用图画表现“脱了版的印刷”；

例 2　龙有三停九似之说，其“角似鹿、头似驼、眼似兔、项似蛇、腹似蜃……”，你知道它哪个部位像其他动物吗？

例 3　在青春期，我们难免会遇到一些烦恼和困扰，请你列举其中一种表现，并提出有针对性的建议。

严格意义上说，上面三道题是无效的，评价指向是非语文学科的，本学科的目标极不清晰。例 1 中，目标指向的是美术素养，而不是语文学科素养；例 2 的目标更为空泛，指向不清晰，且“龙”本身也是想象虚构出来的东西，评价标准混乱；例 3 的目标偏移，是非语文的考查。由上可知，从评价角度反观语文教学，其本质属性也是模糊的。

语文学科，必须教会孩子们正确、简明、连贯、得体、典雅地表情达意，必须教给学生这样的方法。唯有如此，方能提高孩子们正确理解和运用祖国语言文字的能力。因而，教学内容的选择，直接决定了语文学科属性的存亡和学科价值的高低。语文教学必须回归语文学科本位：指向写、基于表达的教学。

我们拟通过开展教材整合、课堂教学创新、做好顶层设计等研究，开发系列分课型课例。我们充分认识到：只要紧紧把握住文本的语文核心价值，凸显课文中重要的学习内容，即语言学习的价值，以及与之密切相关的思维能力培养，就有可能改进初中语文课堂教学。

二、学理分析

（一）阅读教学要体现阅读的核心价值

“初中语文阅读教学由其独特的核心价值构成，它是学生的阅读习惯、理解能力、写作能力的整体体现”。其中阅读是输入，思考理解是加工，表达是输出。我们要检测一个学生的语文水平如何，最重要的维度是看他的表达能力，可以说，阅读教学的核心价值在于表达。而实现这一目标的有力方式就是读写结合的训练。

（二）阅读与写作是语文教学的一体两面

叶圣陶先生说：“语文教材无非是例子，凭这个例子要使学生能够举一反三，练习阅读和作文的熟练技巧。”阅读与写作是语文教学的重头戏，两者不能偏废，它们是语文教学的一体两面，是相互补充、相互促进的关系，语文教师应该通过优秀的课文、片段的分析、理解来指导写作教学，通过写作教学来巩固、提高阅读能力。

能入选教材的文章，必有其可读、可学、可效法之处，或长于铺陈叙述，或善于描写抒情，或工于章法结构。所以，把教材用实、用好、用活，我们写作教学的实效性就能得以增强，我们的教学系统就能有章可循、有序可依。阅读与写作是不可分割的整体，两者是相互促进的关系，用好教材这个“例”，是提高学生阅读能力、思考能力和表达能力这三大语文关键能力的重要抓手。

潘新和教授也指出："写作是语文教育的主要目的，是语文课程的核心与龙头，语文教学应'指向写作'，以提高学生言语表现、写作素养、能力为归宿。"阅读教学起于言语形式，终于言语内容（理解写什么），教学任务只完成一半。更重要的另一半，是懂得引导学生返回言语形式，明白作者"怎么写"，并能学以致用，把从阅读中学到的写作策略用在自己的写作中，把对文本的理解、感受、想象说出来或者写出来，这才算真正完成阅读教学的完整过程，才是真正的语文教学。

三、实践探索

在读写结合的教学实践中，我们发现：核心段是读写结合教学的极佳突破口与切入点！

在进行读写结合教学之前，教师首先要找准最能体现文章核心价值的段落，这是进行段落教学，或者说是整合教学资源的前提。余映潮老师说："在整体理解课文文意的前提下，将阅读教学的内容切入到课文的精彩段落中去，或进行精段的品读教学，或进行段式的仿写教学，进行段式示范下的口头表达训练。"

段落教学的手段灵活多样、因人而异，笔者主要从纵向深挖、横向整合和综合开发角度入手。这样一来，学生对文本的理解更深刻了，写作能力也得到及时的锻炼。

（一）纵向深挖：深入挖掘核心段的读写价值

纵向深挖，一般来说，是指在阅读教学环节，就课文的核心段，引导学生剖析出作者在写景、状物、写人、叙事等方面的精妙之处，再让学生用类似的手法进行相应的仿写活动。

如统编教材七年级上册第9课《从百草园到三味书屋》第二自然段：

不必说碧绿的菜畦，光滑的石井栏，高大的皂荚树，紫红的桑椹；也不必说鸣蝉在树叶里长吟，肥胖的黄蜂伏在菜花上，轻捷的叫天子（云雀）忽然从草间直窜向云霄里去了。单是周围的短短的泥墙根一带，就有无限趣味。油蛉在这里低唱，蟋蟀们在这里弹琴。翻开断砖来，有时会遇见蜈蚣；还有斑蝥，倘若用手指按住它的脊梁，便会拍的一声，从后窍喷出一阵烟雾。何首乌藤和木莲藤缠络着，木莲有莲房一般的果实，何首乌有臃肿的根。有人说，何首乌根是有像人形的，吃了便可以成仙，我于是常常拔它起来，牵连不断地拔起来，也曾因此弄坏了泥墙，却从来没有见过有一块根像人样。如果不怕刺，还可以摘到覆盆子，像小珊瑚珠攒成的小球，又酸又甜，色味都比桑椹要好得远。

该段落的写景极具特色，教师可以充分、深入挖掘其价值，引导学生从多个角度、多个方面展开解读、思考与实践：

可以从景物特征的角度学习写景。如："碧绿""皂""紫红""黄"……这是颜色特征，"光滑""高大""鸣""肥胖"……这是形状特征，"又酸又甜"……这是味道等，合理切分，让学生进行品味与仿写。

可以详略结合、突出重点地写景。如从"不必说"到"也不必说"到"单是"，层次清楚，略写"不必说"，重点描写"单是"部分的内容。

可以学习本段顺序清晰地写景。如文中由静物到动物，由高到低，再由低到高、由整体到局部等。

还可以学习动静结合式写景。如所描写的景物融入了人的活动，这样使得整个景更鲜活、更有生气。

如统编教材八年级下册第1课《社戏》：

两岸的豆麦和河底的水草所发散出来的清香，夹杂在水气中扑面的吹来；月色便朦胧在这水气里。淡黑的起伏的连山，仿佛是踊跃的铁的兽脊似的，都远远的向船尾跑去了，但我却还以为船慢。他们换了四回手，渐望见依稀的赵庄，而且似乎听到歌吹了，还有几点火，料想便是戏台，但或者也许是渔火。

那声音大概是横笛，宛转，悠扬，使我的心也沉静，然而又自失起来，觉得要和他弥散在含着豆麦蕴藻之香的夜气里。

这两段，充分调动起嗅觉、触觉、视觉、味觉、听觉等多种感官进行多感官写景。这种手法融情入景、情景交融，使人感同身受。我们可以在这样的段落上，深入挖掘，充分训练，力争让学生在多感官式写景上有所得。

又如（旧版）人教版教材《看云识天气》的第一自然段：

天上的云，真是姿态万千，变化无常。它们有的像羽毛，轻轻地飘在空中；有的像鱼鳞，一片片整整齐齐地排列着；有的像羊群，来来去去；有的像一床大棉被，严严实实地盖住了天空；还有的像峰峦，像河流，像雄狮，像奔马……它们有时把天空点缀得很美丽，有时又把天空笼罩得很阴森。刚才还是白云朵朵，阳光灿烂；一霎间却又是乌云密布，大雨倾盆。云就像是天气的"招牌"：天上挂什么云，就将出现什么样的天气。

《看云识天气》虽然是一篇说明文，但它却与一般的课文不同，它是当年专门为了开展课文学习而写的，其针对性强、训练的角度多。

我们所举的第一自然段的结构就很值得效仿，这是典型的总分总结构。在总起句当中，先总说“姿态万千”，再说“变化无常”；在分说部分，则分别运用了排比、比喻、对比等手法，对应总起句，先分说“万千”之“姿态”，再分说“无常”的“变化”，条理非常清晰；本段的描写，比较注重动静结合、长短句结合。另外，时间的跳跃转换，如“有时”“刚才”“一霎间”等，也很有特色……这些，均值得深入挖掘。

在仿写过程中，学生能够得到充分的训练，扎实、稳步、有效地进行读写结合。

（二）横向整合：打通文章间壁垒

横向整合，笔者主要是从手法和主题（内容）上截取写作的训练点来展开读写结合，开发读写结合的微课与微课程。

首先，从手法角度开展读写结合。笔者以八年级上册第13课《背影》为例，如果将其中一个训练目标确定为“截取叙述法”，那落实到具体的训练点就可以设定为：

《背影》，截取一个小瞬间——学会观察生活，提取生活中的感人瞬间；

《老王》，截取一个小镜头——学会定点细致描写一段具体的场景，写生活中的一个镜头；

《叶圣陶先生二三事》，截取一个小故事——学会在生活中截取典型事例，烘托人物形象。

…………

假如七年级下册第9课《阿长与〈山海经〉》，其某一训练目标确定为“误会/巧合法”，那落实到的训练点就可以设定为：

《阿长与〈山海经〉》的误会——语言误会；

《驿路梨花》的误会——人物误会；

《丑小鸭》的误会——命运误会；

类似的还有听力误会、情节误会等。

误会法也是古典小说和戏剧中常用的方法。引用到写作中，能使叙事更加有波澜、有起伏，人物形象更加生动，读来趣味盎然，使文章增色。

其次，还可以从主题、内容、选材等角度开展读写结合。

笔者还是以《背影》为例。我们确定其中一个训练目标为“暗号：选材的独特性——独特的父爱”，那落实到具体的训练点就可以设定为：

《背影》的暗号——父亲买橘子时的“背影”；

《打》（阎连科）的暗号——父亲的“打”；

《指尖上的父爱》（成健）的暗号——父亲的“指尖”。

通过相似训练点的整合，我们不但要教会学生寻找课文的“暗号”，更要学生在写作构思中学会铺陈、渲染“暗号”。

笔者在实际的课题研究过程中发现，我们只要立足文本价值，从读写结合角度，就能充分发掘可供借鉴、模仿的读写资源。我们可选取的角度很多，可从整体、主题、结构、群文阅读的角度等。具体到单篇，可从章法、段式、句式等，如：

（1）章法角度：《散步》的波澜起伏；《紫藤萝瀑布》的虚实结合；《爸爸的花儿落了》的插叙、暗示；《阿长与〈山海经〉》的抑扬结合。

（2）段式角度：开头段、过渡段、主旨段、总分段……

（3）句式研究：如关联词句：“不必说”“也不必说”“单是”；“不只在……也在……”。

有时同一篇文章，可供借鉴、模仿的地方也到处都是，信手拈来就是典型的写作示例，如老教材的《爸爸的花儿落了》中的插叙，时而眼前，时而回忆，让行文更加紧凑，跌宕起伏也更有味。该文中的暗示也随处可见，如：

①矛盾的对话：“英子，不要怕，无论什么困难的事，只要硬着头皮去做，就闯过去了。”“那么爸爸不也可以硬着头皮从床上起来到我们学校去吗？”

②动作描写：爸爸看着我，摇摇头，不说话了。他把脸转向墙那边，举起他的手，看那上面的指甲。

③语言描写：“没有爸爸，你更要自己管自己，并且管弟弟和妹妹，你已经大了，是不是？”

④心理描写：快回家去！快回家去！我好像怕赶不上什么事情似的。

⑤环境、景物描写：看外面的天，有点阴。旁边的夹竹桃不知什么时候垂下了好几枝子，散散落落的，很不像样；看那垂落的夹竹桃。

文中处处暗示，处处伏笔，这些都是通过阅读借鉴，我们的学生应该掌握、可以掌握，也必须掌握的写作技巧。

综上所述，笔者认为只要教师用心钻研教材，灵活使用教材，善于抓住课文的核心段落，得法于阅读，得益于写作，以读带写，以写促读，那么学生的阅读能力、思考能力和写作能力等语文核心能力就一定能够得到有效提高。

[原文题目为《初中语文读写结合课例开发的实践研究（一）——以核心段落为例》，发表于2019年3月《东莞教学研究》，结集成书时题目与内容略有删改。]

第11节

初中整体性阅读教学实践

一、“整体性阅读”研究背景

《义务教育语文课程标准（2022年版）》指出：“义务教育语文课程结构遵循学生身心发展规律和核心素养形成的内在逻辑，以生活为基础，以语文实践活动为主线，以学习主题为引领，以学习任务为载体，整合学习内容、情境、方法和资源等要素，设计语文学习任务群。学习任务群的安排注重整体规划，根据学段特征，突出不同学段学生核心素养发展的需求，体现连贯性和适应性。”在实践中，我们也发现，初中学生的阅读经验越丰富，阅读能力越高，越有利于各方面的学习，从而更好地促进语文核心素养之形成。

但在现实中，学生的真实阅读状况不容乐观，有机的、科学的整体性阅读并没有得到应有的重视，对群文阅读、整本书阅读，缺乏有效的研究与实践。近几年，虽然群文阅读、整本书阅读开始为一部分老师所接受，江浙、四川等地在实践领域也进行了大胆的探索，形成了一些研究成果，但没有将（课内）单篇阅读、群文阅读、整本书阅读整合，往往偏向一隅，有非此即彼的不容性，未能有效整合。

东莞市一直致力于书香社区、书香校园的建设，连续多年坚持举行全市性读书节系列活动助力学生的阅读，许多学生已经形成主动阅读的意识，能够积极主动地进行阅读。前期我们借助东莞慧教育初中语文课堂教学研讨系列阅读主题活动，扎实有效地开展了系列阅读活动，提高了学生的阅读兴趣和主动性。

二、“整体性阅读”研究现状分析

吕叔湘先生曾批评语文教学“少、慢、差、费”：学生阅读数量太少、阅读速度太慢、阅读效率太差、阅读时间太浪费。要扭转语文教学“少、慢、差、费”的局面，有效提高学生的阅读能力，培养其核心学科素养，阅读教学的内容、过程、评价等方式的变革不可或缺。

目前，国内外许多学校也推出了读“整本书”活动，用丰富的活动来培养学生阅读的兴趣。这也是叶圣陶语文教育思想的重要组成部分。通过整本书的阅读，让师生都能真正养成阅读的良好习惯，让阅读成为师生的日常生活方式，扩大阅读深度。

“群文阅读”是最近几年悄然兴起的一种阅读方式。2008 年由赵镜中、王林先生提倡的这种语文教学形式，刚开始只在局部的小范围内被讨论、试用。经过几年的“化蛹成蝶”，同道者越来越多，在四川、重庆、贵州、河南、湖南、浙江等省份，已经有很多老师进行了这方面的研究和尝试，并逐渐成为课堂教学的主流。

三、“整体性阅读”研究目的

语文教学质量的高低在很大程度上取决于阅读教学，传统的阅读教学面临新挑战：“教材全是单篇短章”，只读课本上的文字，“老是局促在小规模的氛围之中，魄力也就不大了”，而且学生获取的信息量也相对有限；课文单调，难以激发学生的学习兴趣；不能适应连续性文本加非连续性文本的阅读；不能满足生活中阅读的需要。

整体性阅读就是应运而生的阅读教学的一种重要的方式。正确认识这种阅读方式，对深化当下东莞市初中语文阅读教学改革，有效培养学生阅读能力，提升学生语文素养，具有重要的实践意义和研究价值。

整体性阅读走的是阅读教学的内涵发展之路。我们的研究从微观到中观再到宏观：课内单篇文章的阅读属于微观层次的阅读，群文阅读是中观层次的阅读，而整本书的阅读则是宏观层次的阅读。整体性阅读打破了中小学阅读教学长期以来基本上只做单篇文章精读的局限，打通了微观、中观与宏观的壁垒，填补了这一领域的空白。随着东莞市慧教育初中语文阅读教学进一步深化探索，整体性阅读越受到重视，在全民阅读的背景下，注重语用、培养思维、加强审美、传承文化，聚焦语文素养的发展这一整体阅读功能能够得到进一步的提升，整体性阅读的现实意义能够得到进一步的彰显。

四、“整体性阅读”实践研究

（一）构建初中学生整体性阅读指导的策略和方法

整体性阅读作为一种阅读教学方法，能够更全面完整地进入文本所描绘的世界，对于具有一定语言积累的阅读能力的初中生来说，能使他们更为充分地用文本进行对话，同时也能在语文素养上得到全方位的培养和提升，因此，开展整体性阅读教学，才能解决当务之急。本研究遵循学生身心发展规律，探索出适合初中各个学段学生开展整体性阅读的指导策略和方法：

1. 把握工具性与人文性的统一

在整体性阅读教学理念的视域中，工具性与人文性相统一是阅读教学的最佳状态也是必然要求。把握工具性的同时不能缺失人文性的关怀，弘扬人文性的同时也不能忽视工具性的要求。初中阶段的学生已经有了一定量的对于语文知识的积累，因此应该寻求更高层次的突破，即从已掌握的知识出发，通过教师教学和自主学习等多种方式提高自身人文素养，获取更多的人文关怀，从而又能学以致用回归生活实践。因此，在语文阅读教学中应做到：首先，以知识与能力目标为根本，把握文本的人文内涵，尊重学生对于文本的独特体验与个性化解读，鼓励学生自主建构，启发引导学生领悟文本更深层次的内涵。其次，教师通过文本中的英雄事迹、圣贤之风、精辟言论等对学生进行指导学习，以及正确价值观的引领，培养学生完整的人格。教师可以根据不同的文本因课制宜，挖掘深层内涵，以期对学生进行理想人格的树立。最后，注重诵读教学。鼓励学生通过反复朗读进行自主学习，积累知识，培养语感，在潜移默化中接受情感熏陶和人文感染，从而继承中华文化的优良传统。教师在阅读教学中应以工具性为根，人文性为养料。在教学过程中引导学生掌握一个个基础知识的点并以此打下坚实的基础。把这么多由语文知识点汇聚成的根深深扎入脚下的土壤，又通过语文素养和人文关怀这些养料进行滋养，最终长成语文这棵参天大树。

2. 整合教学内容，形成阅读知识的整体性

教学内容的整合对于学生理解文章内容、梳理行文思路、把握重点难点都有着重要的作用，对于语文阅读教学课堂中教学内容非整体性现象的存在，教师可以从以下几个方面进行改善：

首先，紧贴教学目标，把握重点难点。教师应做到心中有数、目中有人。在教学过

程中，对教学目标和教学重点了然于心、对教学思路清晰明确，使得整个授课环节有条有理、统一完整。其次，整体性阅读教学从整体地完成一篇课文的教学开始，但并不止步于此，而是向整个语文教育延伸。教师对于每一篇课文的整体性教学应在实施过程中传达给学生整体观念，树立整体的意识，使得学生能在反复的锻炼中渐渐学会从整体来理解和感知局部。而后，再从单篇课文转而以单元为单位的整体，引导学生在学习完一系列同类型文章后能够从特殊到一般，分析异同点，认识并了解其中规律所在，从而实现对一类文章的整体性把握。最后，着眼于更高一级，再把单元置于一册教材的整体中，产生一个完整的阅读链。课内是基础，课外是补充，在课标的指导下，组织学生开展课外阅读，增加阅读量，丰富知识储备，在强化中养成整体性阅读的习惯。

3. 开展整体性阅读资源的选择、整合和确定的研究

在实践过程中，尝试进行教材整合、版本整合，拓宽初中学生整体性阅读的资源和途径，开展初中语文整体性阅读分课型课例开发的实践研究，解决系列化与科学化读什么的问题。是为研究重点。

（1）基于统编教材整合的群文阅读课型的研究与开发

①基于统编教材整合的现代文群文阅读课型的研究与开发

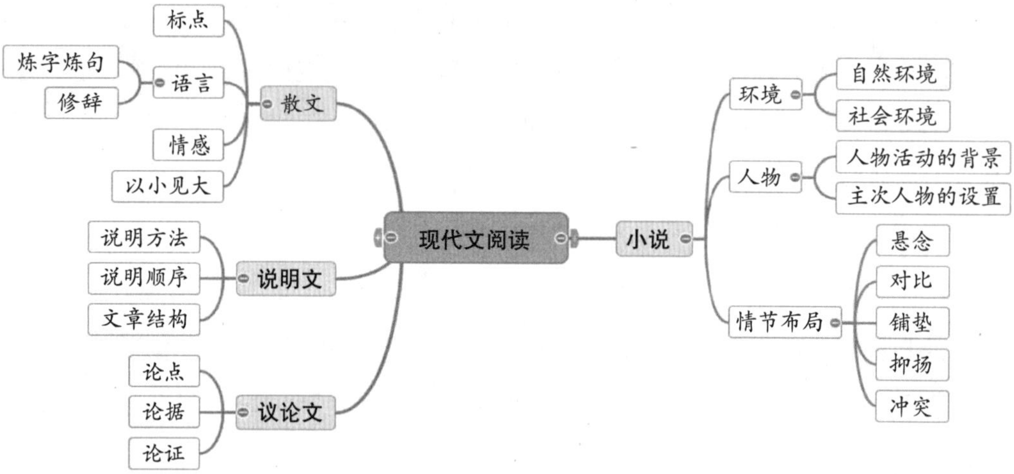

一是文体式群文阅读课型。王荣生教授指出：文章要依体而教，写作也要依体构建写作点。小说、散文、说明文和议论文各有特点，例如小说基于环境、情节和人物可以生成写作点，散文基于言语形式可以从遣词造句、题材选取、体裁安排方面，谋篇布局地生成写作点，入选教材的说明文和议论文也是很好的范本。

二是仿写式群文阅读课型。仿写，是读写结合传统的方式，也是最基本的方式。或者是读一篇文章，或者是读一组具有共同点的文章，也有时候是读一部作品，然后明确模仿的写作点布置作文题目，让学生模仿写作。被模仿的多为名家名篇，也可能是学生的优秀作品。根据不同的模仿内容分为语言模仿、结构模仿、表现手法模仿等不同类型；根据模仿形式可以分为句的模仿、段的模仿、篇的模仿等不同类型。

三是融合式群文阅读课型。现代文阅读可以进行融合式群文阅读课型研究。融合式就是将写作融合在阅读的过程之中，就是在阅读的过程之中适时进行写的训练。例如议论文中补充事例，补充分析，补充分论点，都是常见的形式。

四是延伸式群文阅读课型。延伸式群文阅读课型，就是现代文阅读之后针对原作进行写作。基本的形式有两种：一是写读后感或评论，表达自己阅读的思考和对原作的评价；一是进行续写，对原作的故事情节、人物命运进行延伸。前一种一般是议论式的，主要是思想的阐述；后一种大多是叙述式的，主要是内容的丰富。

②基于统编教材整合的文言文群文阅读课型的研究与开发

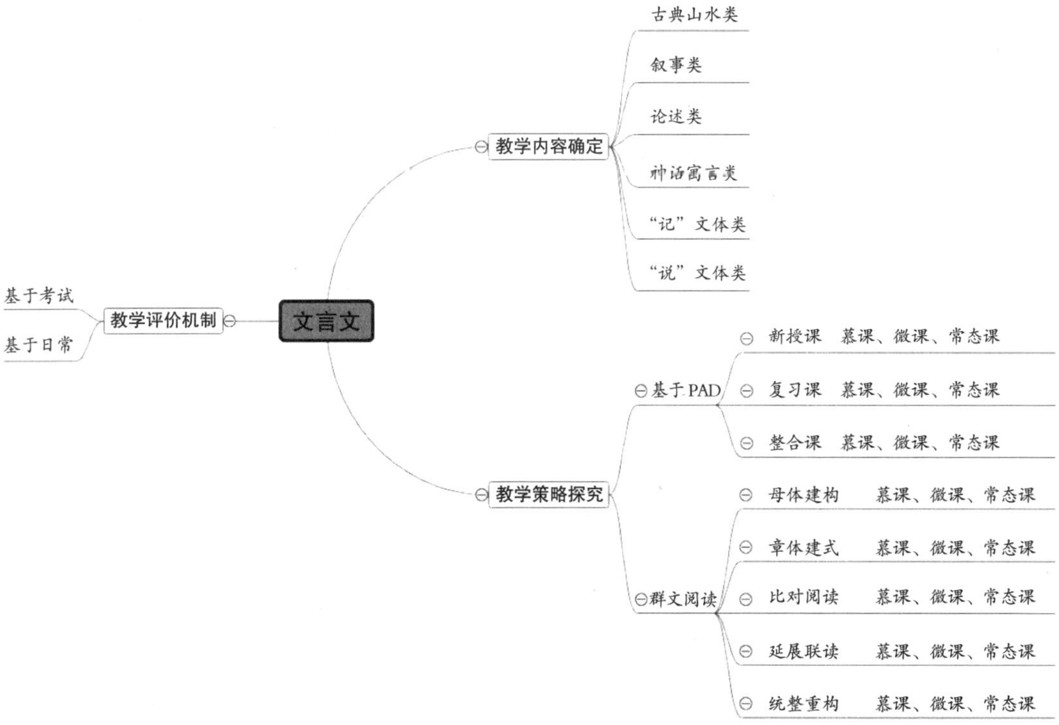

一是囊括三个板块，研究闭环完整。文言文教学内容的精准确定，是实施有效教

学策略的前提，而教学评价则是对前两者的检验。整个流程是完整且具有操作性的实现文言文教学价值、落实语文核心素养的有效途径。因此，探究教学内容确定的标准与原则就成了教学开展的基础，选择恰当高效的教学策略来实施教学就成了教学的重中之重，教学如何，则待教学评价机制的完善及运用。如此，针对文言文的探究“教什么”“怎么教”和“教得怎么样”三个板块内容，形成了一套完整的研究闭环，有效促进了初中文言文的教学。

二是理论与实践相结合，有理有据。教学内容确定的标准与原则是建立在理论学习与建构的基础上的，而策略研究则重在实践，评价亦不能缺少理论与实践的结合。有关文言文教学的研究基于理论，发展于实践，收获于评价，进而更好地指导教师的教学实践，更好地充实理论，从而在实现教学价值的基础上培养学生的语文核心素养。

（2）名著导读课型的研究与开发

教师引导学生在宏大背景中阅读发现，以独特的理论视角对名著做深度思考，在复杂情境中自如运用阅读策略，并尝试建构多元体系的阅读知识系统。名著导读课型主要分为读前导读课、读中交流课和读后分享课三类。其中，读前导读课以激趣为主，尽量不剧透，教给学生读书的方法，推荐适当的辅助资料；读中交流课要体现阶段性、过程性阅读体验，让学生自由分成若干个小组谈谈读书后的收获，说说书中的人物及情节；读后分享课要以学生为主体，尊重学生的阅读体验，以展示学生的阅读成果为主，指导学生阅读为辅，形式不拘一格。

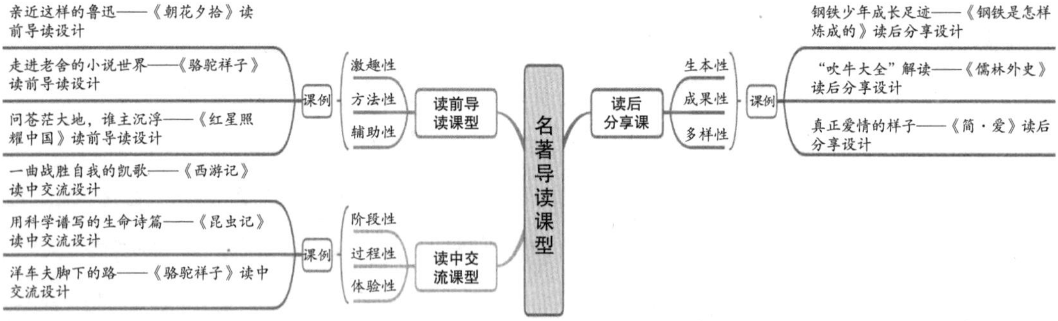

（3）课外阅读课型的研究与开发

①引读课型

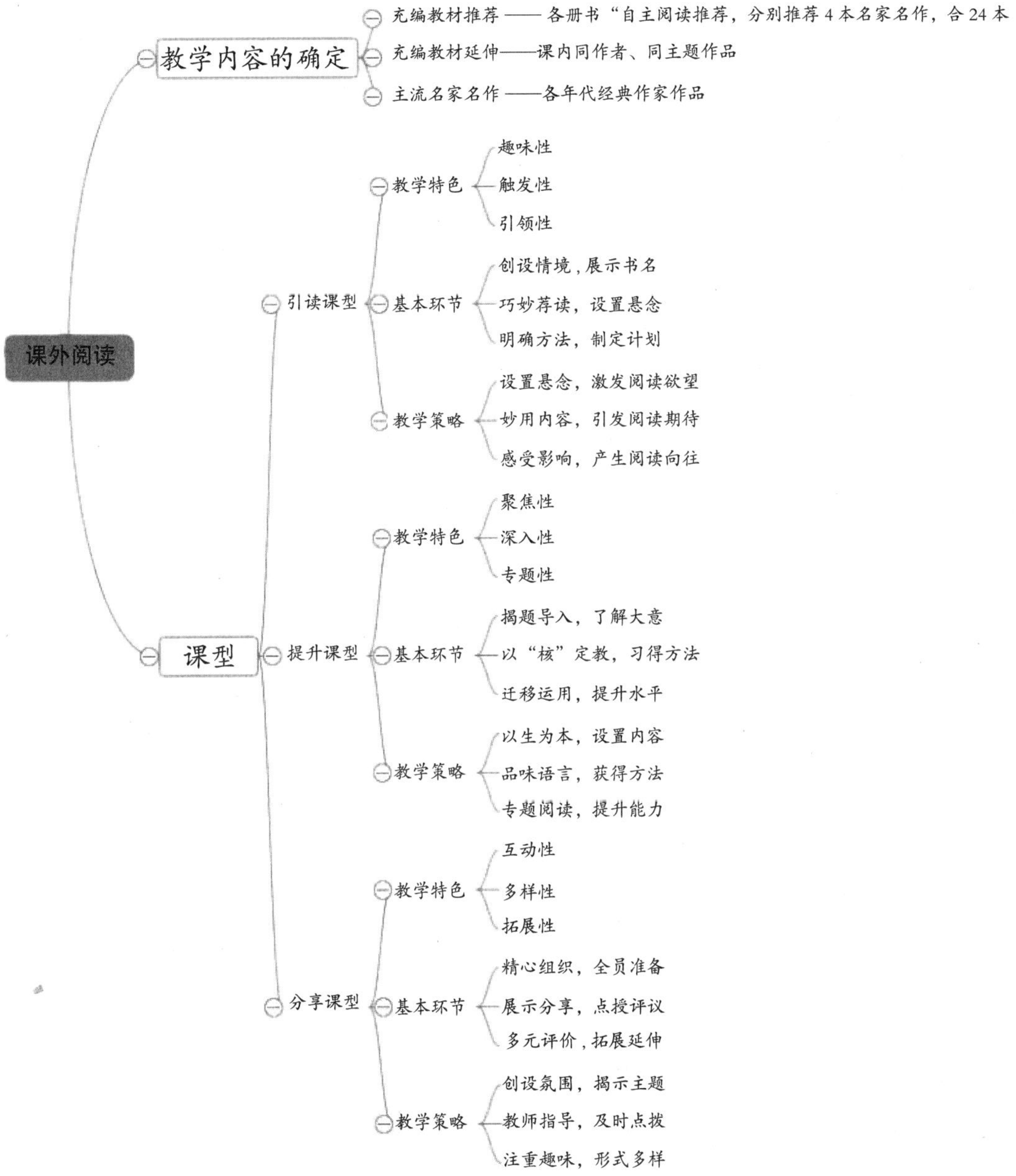

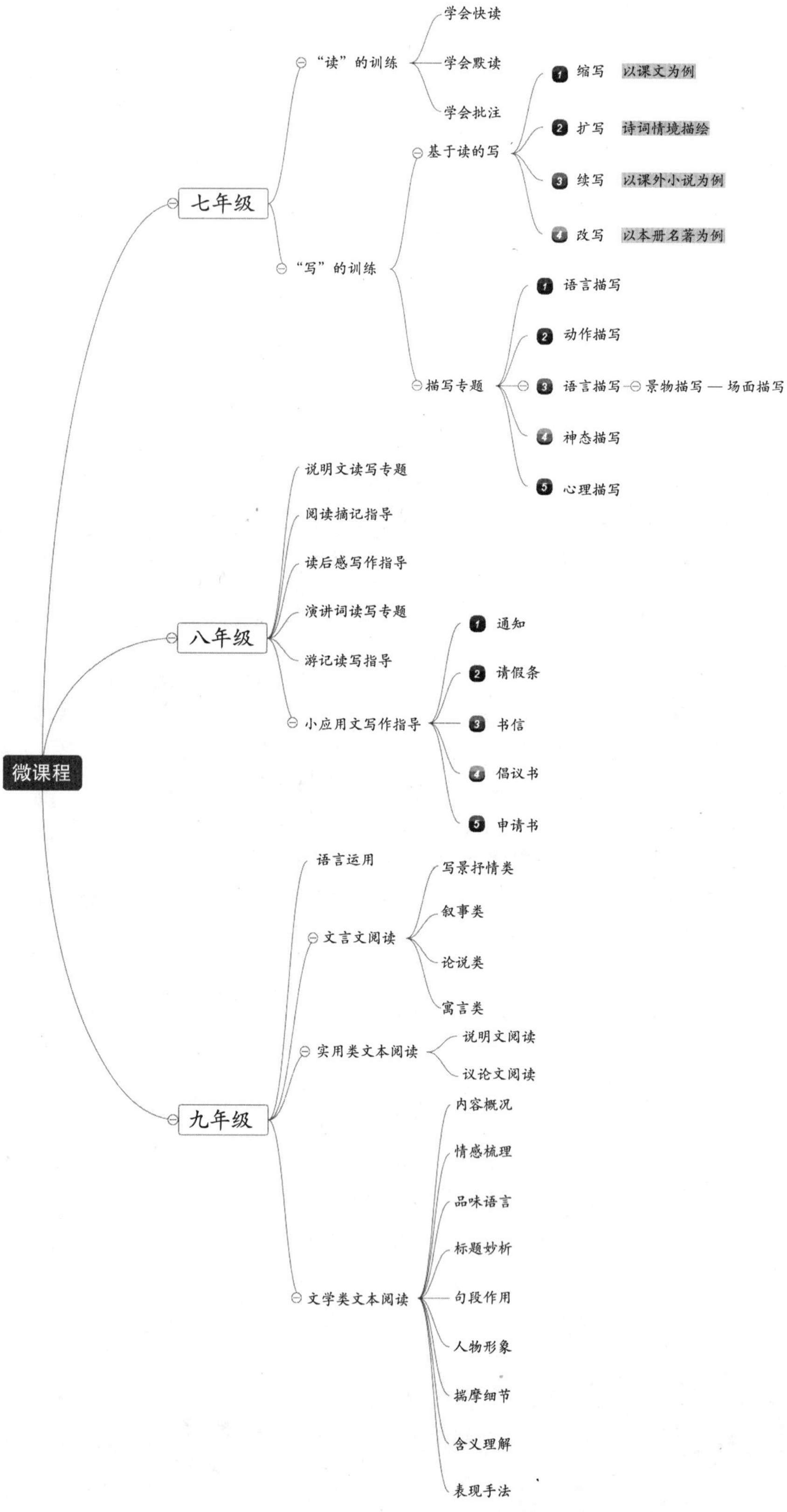

微课程
七年级
“读”的训练
学会快读
学会默读
学会批注
“写”的训练
基于读的写
1 缩写 以课文为例
2 扩写 诗词情境描绘
3 续写 以课外小说为例
4 改写 以本册名著为例
描写专题
1 语言描写
2 动作描写
3 语言描写 景物描写 — 场面描写
4 神态描写
5 心理描写
八年级
说明文读写专题
阅读摘记指导
读后感写作指导
演讲词读写专题
游记读写指导
小应用文写作指导
1 通知
2 请假条
3 书信
4 倡议书
5 申请书
九年级
语言运用
文言文阅读
写景抒情类
叙事类
论说类
寓言类
实用类文本阅读
说明文阅读
议论文阅读
文学类文本阅读
内容概况
情感梳理
品味语言
标题妙析
句段作用
人物形象
揣摩细节
含义理解
表现手法

引读型要注重“趣味性”“触发性”“引领性”：兴趣为先，方法为上，习惯为本。课外阅读课，重在“导”上下功夫，导读方法灵活到位，激起学生阅读的兴趣，掌握阅读的方法，养成终身阅读的习惯。结合不同年级、不同作家作品的特点，以“分课型—读写结合”为总体思路，涵盖初中语文教学内容，实现语文阅读从课内向课外多角度的有效迁移、拓展、整合，使读写有机结合、相互促进，最终提升学生的写作水平和综合素养。

②提升课型

提升课型要注重“聚焦性”“深入性”“专题性”。教学特色突出，教学环节清晰，教学策略灵活。教师可从学生阅读的实际情况和作品特点出发来确定和选择课型，进一步激发兴趣，习得方法，养成习惯。

③分享课型

分享课型讲究“互动性”“多样性”“拓展性”。课外阅读内容的确定有多个维度，一是统编教材推荐的作品，二是统编教材的延伸拓展，三是主流名家名作。教学中可根据教学需要及学生实际灵活选取合适的阅读内容，实现拓展延伸、补充巩固、训练提升等目的。可以通过阅读记录、圈点勾画、主题论文、思维导图等多种形式开展评价，实现读写结合。

（4）基于统编教材的阅读微课程的研究与开发

为深入贯彻落实国家教育部“停课不停学”工作精神，东莞市教育局教研室组织全市教学能手、学科带头人、学科教研组长等骨干教师开发了基于统编教材的系列阅读微课程。针对不同学段的不同课型，为全市所有学校提供托底保障。通过8—10分钟的微课视频集中讲解不同课型的系列知识点，辅之以学习任务单、强化练习和在线测验等学习手段，帮助学生及时获得“高质量、序列化”学习资源。微课系列覆盖了七、八年级下册所有课内篇目。微课程序列研究初步实现了信息化手段与语文学科的融合，为进一步探索线上线下全方位整体阅读体系的构建提供了新思路。

五、“整体性阅读”未来研究展望

鉴于语文教学的改革趋势，今后整体性阅读的研究领域将进一步拓宽，研究的主题和内容会有新的拓展。我们认为，未来整体性阅读的研究应注意以下三个方面：

（一）加强系统研究，打造整体性阅读体系

从单篇到群文，从单篇到整本书，从课内到课外，向广度、深度拓展，由此及彼，由表及里，在实践过程中，我们进行教材整合、版本整合，拓宽初中学生整体性阅读的资源和途径。我们要正确处理单篇精读、群文阅读和整本书阅读之间的关系，加强系统研究，三线并进，相互协调，使三者相辅相成，互融共生，打造理想的阅读教学体系。

（二）强化重点研究，落实整体性阅读实效

一是规避阅读风险，加强对整体性阅读中深度学习的研究。整体性阅读教学的目的是追求更深度的学习、更系统的学习。教师要充分发挥整体性阅读的优势，既要宽泛的学习，又要深度的学习，在教学中鼓励学生进行大胆猜想、积极探究、理性求证，追求整体性阅读的教学实效。二是“行有导航、知有实践”，做到整体性阅读的知行合一。教师既要对学生因材施教，依据课标对不同学段提出相应的要求，又要充分让位于学生，合理地点拨和引导，以一种“放”的姿态和胸怀，让学生发展个性。

（三）评价方法研究，构建整体性阅读机制

从课程视域看，阅读课程/课例的开发，教学规划与评价（“学教评”）应该是一致的。正如冯善亮老师在《学教评一体化：语文课程实施的一个关键问题》一文中论述的：“在特定的课堂教学活动中，教师的教、学生的学以及对学习的评价应该具有目标的一致性”。安德森等在基于目标分类学（修订版）中提出的学教评一致性问题：“如何确保目标、教学和测评彼此一致？”基于这样的认识，未来我们尝试设计“一核心、两层级”式的整体阅读规划与评价，即“核心评价：基础评价—发展评价”，促进初中生整体性阅读的评价方法研究，以推动整本书阅读的有效开展，研究解决“怎么评价”的问题。

第12节

初中整体性写作教学实践

作文难教，难在何处？一是缺乏可行的学理。一直以来，初中作文教学几乎没有系统的、可操作的教学评价目标与训练体系。二是缺少专门的教材。长期以来，写作没有像阅读那样成熟的、系统的教材；虽然每单元有写作安排，但与教材使用要求尚有距离。三是缺少写作教学的有效经验。已有的写作教学经验往往只重实践摸索而轻教学指引，且自觉不自觉地附庸于阅读；即使重视知识教学，往往又不知晓陈述性知识与程序性、策略性知识的区别，重心常常落在陈述性知识的讲授上。写作教学和写作教学研究的科学化之路，崎岖坎坷，道阻且长，在“知”（理论的学习与探索）和“行”（实践的操作）方面，尚需实证化的研究。

写作是运用语言文字进行表达和交流的重要方式，是认识世界、认识自我、创造性表述的过程，是学生语文素养的综合体现。统编教材的写作专题从培养学生的写作兴趣和良好的写作习惯开始，逐步培养记叙文、说明文、议论文三大文体及游记、书信、小传等实用文本的写作能力，且教材的作文专题设置一般与本单元阅读的学习重点是相配合的。其中，七年级重点培养学生的写作兴趣和良好的写作习惯（如“热爱生活，热爱写作”“文从字顺”），在此基础上初步培养写人记事的能力。八、九年级写作主要有三方面内容：一是文体写作，如“怎样写消息”“撰写演讲稿”“说明事物要抓住特征”“论证要合理”等；二是改编式写作，主要是学习仿写、改写、扩写、缩写；三是作文程式学习，包括“审题立意”“布局谋篇”“修改润色”“有创意地表达”等内容。

清代王筠《教童子法》有言：“作诗文必须放，放之如野马，踶跳咆嗥，不受羁绊，久之必自厌而收束矣。此时加以衔辔，必俯首乐从。”即写作须采取先“放”后“收”的训练程序。《义务教育语文课程标准（2022年版）》（以下简称“新课标”）指出：“要重视写作教学与阅读教学、口语交际教学之间的联系，善于将读与写、说与写有机结合，相互促进。”新课标要求教师遵循学生认知规律和教学规律，根据学生年龄特点因材施教。

新课标的“规律”主张和古人的先“放”后“收”的写作思想给了我启示：

（1）初中写作教学要遵循写作规律和初中生年龄特点，因材施教，为此，我从宏观上分三年三阶（三放、二收、一升）开展训练；

（2）初中起始年级的写作训练宜让学生放手写，以此加强小初衔接、提升学生的写作兴趣和自信心；

（3）初中的分阶写作训练需要有与该阶段匹配的相关写作要求。

基于以上认识，我按照经线与纬线两大主要板块来规划设计初中三年整体性写作教学。

经线主要是从“精神成长、心理发展、日常生活”等方面，引导学生寻找自己生活中值得表达的内容，再将之变成文字。这主要指向学生真实的生活，是学生生命中的“行”；纬线主要是“写作的理念、技巧、手法”等的指导，旨在进行“知”的引导。由“行”到“知”，再由“知”进一步丰富和深化“行”。

另外，我又将七年级至八年级上的三个学期归为“放”期，主要强调新鲜、有趣，重在激发学生去写自己的精神成长故事；八年级下至九年级上的两个学期为“收”期，主要强调扎实、规范，重在引导学生深入挖掘生活中的细节，规范运用写作技巧、方法；九年级下学期为“升”期，主要强调提高、得法，让学生在自己写作的“知”“行”之间提升自己的表达。

基于新课标的要求及统编教材的写作设置，综合东莞市的学生实际，以及我在教学视导及教学实践中的一些思考，从“跟着教材学写作”“跟着名著学写作”方面规划设计初中三年写作教学整体方案。

一、初中整体性写作教学的总目标

没有目标，就如同盲人摸象，到处乱撞，写作教学尤甚。新课标则比较详尽地阐述了写作（表达与交流）的目标：

4. 多角度观察生活，发现生活的丰富多彩，能抓住事物的特征，为写作奠定基础。写作要有真情实感，表达自己对自然、社会、人生的感受、体验和思考，力求有创意。

5. 写作时考虑不同的目的和对象。根据表达的需要，围绕表达中心，选择恰当的表达方式。合理安排内容的先后和详略，条理清楚地表达自己的意思。运用联想和想象，丰富表达的内容。正确使用常用的标点符号。

6. 写记叙性文章，表达意图明确，内容具体充实；写简单的说明性文章，做到明白清楚；写简单的议论性文章，做到观点明确，有理有据；能根据生活需要，写常见应用文。能从文章中提取主要信息，进行缩写；能根据文章的基本内容和自己的合理想象，进行扩写；能变换文章的文体或表达方式等，进行改写。尝试诗歌、小小说的写作。

7. 注重写作过程中搜集素材、构思立意、列纲起草、修改加工等环节，提高独立写作的能力。根据表达的需要，借助语感和语文常识修改自己的作文，做到文从字顺。能与他人交流写作心得，互相评改作文，以分享感受，沟通见解。作文每学年一般不少于 14 次，其他练笔不少于 1 万字，45 分钟能完成不少于 500 字的习作。

结合新课标的精神与要求，我从大小作文两方面进行成体系的规划：

一是大作文规划。基于教材又不拘泥于教材，进行大作文的整体顶层规划和大作文写作单元的开发。研究部分成果见本章第 9 节《单元整体读写教学实践探索》。

二是小作文规划。基于教材进行能力点突破与规划，包括基于生活的随笔、基于读写的单篇文章学习后的随笔、阅读名著后的随笔和任务型表达等。

就宏观而言，七年级（但不限）重在叙事：七上把事情写完整，七下把事情写丰富；八年级重在记人：八上把人物写生动，八下把文章写感人；九年级重在综合训练：把作文写规范、写美丽。

二、初中整体性写作教学的分段目标

在初中整体性写作教学的总目标的指引下，我把初中三年六册教材的单元写作进行分段，并在不同的年段设立不同的目标。详见表 1。

表1　三年六册分段目标

年级	细分目标
七上	**核心目标：**学会叙事：清楚叙事 **基础目标：**记叙之要素完备，所叙之事情完整 **发展目标：** 1. 力求在选材上围绕中心，剪裁上兼顾详略 2. 学会运用思维导图进行文章构思，学会列记叙文提纲，学会修改作文
七下	**核心目标：**学会叙事：丰富叙事 **基础目标：** 1. 记叙之手段丰富：插叙、过渡、照应等 2. 所叙之事有波澜起伏 3. 学会在叙述中穿插抒情 **发展目标：** 1. 学习谋篇布局手法 2. 学习场面描写
八上	**核心目标：**学会记人：把人物写生动 **基础目标：**基本能运用外貌、心理、动作、神态、语言等描写手法写人； **发展目标：** 1. 叙述、描写具体，内容丰富 2. 灵活、生动描绘
八下	**核心目标：**学会写人：把人物（文章）写感人 **基础目标：** 1. 综合运用描写刻画人物 2. 选取典型事例突出人物 3. 通过几件事情丰富人物 **发展目标：** 1. 在矛盾冲突中写人、夸张写人 2. 恰当运用多种修辞美化语言 3. 写一点有哲理的话
九上	**核心目标：**会写简单议论文 **基础目标：** 1. 学写命题类议论文 2. 学写给材料类议论文 3. 学写一事一议议论文 **发展目标：** 1. 鲜明亮出观点 2. 作文就是说话 3. 学写“一事一议”

（续表）

年级	细分目标
九下	**核心目标：**综合训练：把作文写美丽 **基础目标：** 1. 审清题意，明晰文体 2. 考点突破，谋篇布局 3. 调动积累，合理运用 **发展目标：** 1. 写好一份文面 2. 写活一种结构 3. 写美一份语言

三、小作文写作规划

作文之难，其中一个很重要的原因是写作的内驱力不足、畏难情绪作祟。初中整体性写作教学的小作文写作规划能充分挖掘学生的内驱力，在本源解决学生畏惧心理，让学生进入想写（动机、想法）—可写（情境、联想）—能写（表达方式、写作方法）的良性循环。详见表2。

表2　七年级上：小作文教学规划

	写作要求	写作任务	写作能力点
片段写作	第一篇 选教材 P18 练习一	到生活中细心观察、体验，选取一个场景，写一段文字，描述这些变化	调动各种感官，写出由夏入秋的各种变化
	第二篇 仿照《济南的冬天》第 3 节	写一写你看到的公园之景	写景有层次感
	第三篇 选教材 P32—33 练习一	下面这段文字记事过于简单，读起来让人兴味索然。请你帮作者“添枝加叶”，把它写得丰满、生动一些	发挥合理想象，添加细节
	第四篇 选教材 P55 练习一	从班上选择你熟悉的一个同学，用 200 字左右给他“画”一幅肖像	抓住其不同于他人的地方落笔，如忧郁的眼神、乐观的笑容等

（续表）

	写作要求	写作任务	写作能力点
跟着名著学写作	第五篇 读《朝花夕拾》学习叙事	《五猖会》精彩呈现了作者被强迫背书时的情景和心理，你是否有被强迫做某事的经历？用 200 字左右写出当时的情景与心情	如何在叙事中写出情
	第六篇 读《朝花夕拾》学习叙事	精读《无常》。用 200 字左右叙述一则你所听到或熟知的有关鬼神的传说或故事	如何在叙事中写出趣
	第七篇 读《西游记》学写读后感	以“孙悟空与紧箍咒”为题，用 200 字左右谈谈紧箍咒与孙悟空之间的关系	读后感写作
	第八篇 读《西游记》学写读后感	以“猪八戒与‘散伙’”为题，用 200 字左右写写你对猪八戒语录特色的看法	读后感写作

表 3　七年级下：小作文教学规划

	写作要求	写作内容	写作训练点
片段写作	第一篇 选教材 P12 练习四	查阅资料，补写一两件体现闻一多“说”和“做”的事例	在叙述中注意通过细节描写来展现人物形象
	第二篇 选教材 P45 练习三	我们每个人都会有烦恼，烦恼后面也许有一段故事。用 200 字左右写写自己的烦恼	把事情、原因写清楚，还要写出具体感受
	第三篇 选教材 P72 练习三	照片记录了生活的瞬间，也记载了生命中的故事。从家中找一张你喜欢的照片，用 200 字左右写写里面的故事	叙述故事条理清楚，生动具体描写细节

（续表）

	写作要求	写作内容	写作训练点
片段写作	第四篇 选教材 P139 练习四	假如杨利伟到你们学校和大家交流，你作为小记者对他进行采访，你会向他提出什么问题呢？请写出你的采访提纲	学习拟写采访提纲
跟着名著学写作	第五篇 读《骆驼祥子》学习写小传	根据作品的内容，写一篇祥子小传，完整勾勒出祥子的经历	学习写小传
	第六篇 读《骆驼祥子》学习叙事	精读第四章，模仿祥子进城这一节的写法，以“回家路上”为题写一篇小作文	如何巧借事件写出人物内心的波澜
	第七篇 读《海底两万里》学写日记	从小说中选择几个关键的时间点，结合小说内容，写几则航海日记	日记写作
	第八篇 读《海底两万里》学写信	请你以最后返回陆地的阿龙纳斯的身份，给一个亲密的朋友写一封信，介绍尼摩船长这个人	日常信件写作

表 4　八年级上：小作文教学规划

	写作要求	写作内容	写作训练点
	第一篇 熟读《“飞天”凌空》 第 2—4 节	文中作者分解了连贯的跳水动作，展现了生动的画面。请以“精彩的瞬间”为题，描写你生活中某一片段	巧用分解，运用形象化的描写
	第二篇 熟读《藤野先生》 第 12—19 段的对话	揣摩对话中体现的人物情感态度，描写老师或家长与你对话的某一场景	运用语言描写及心理描写等方式，表现人物的情感态度

（续表）

	写作要求	写作内容	写作训练点
片段写作	第三篇 熟读《列夫·托尔斯泰》第1段	写一个你熟悉的人，重点描写面部特征，展现人物个性	抓住人物主要特征
	第四篇 学习课文《背影》第6段	学习描写人物的方法，描写一个日常生活中的场景	1. 运用连续性动词（不少于6个）描写人物 2. 描写中融入自己的情感
跟着名著学写作	第五篇 读《红星照耀中国》学习写人	整理书中描写“红小鬼”的内容，用200字左右写写你感兴趣的一个“红小鬼”	如何写好人物的言谈举止
	第六篇 读《红星照耀中国》学习写人	整理书中描写红军领袖的内容，用200字左右写写你最欣赏的一位红军领袖	如何写好人物的言谈举止
	第七篇 读《昆虫记》学写观察笔记	精读书中描述法布尔观察昆虫的精彩片段，模拟法布尔的口吻写一篇观察笔记	观察笔记写作
	第八篇 读《昆虫记》学用拟人手法写小动物	观察你喜欢的小动物，学习法布尔的写法，进行仿写	用拟人手法写小动物

表5　八年级下：小作文教学规划

	写作要求	写作内容	写作训练点
片段写作	第一篇 选教材 P38 练习五	恐龙灭绝的原因到底是什么？课文为我们提供了两种假说，其实还有多种相关的假说。搜集资料，写一篇小短文阐述你的认识	学习写对某一问题的看法
	第二篇 选教材 P48 练习一	你有自己特别熟悉、喜欢的小天地吧？以“我的小天地”为话题，写一个片段，向别人介绍它	注意准确使用方位词
	第三篇 选教材 P67 练习三	选一部印象最深刻的电影或电视剧，选取剧中最打动你的人物或情节，分析打动你的原因	学习写观后感
	第四篇 选教材 P93 练习一	请你拟写“书香，伴我成长”演讲稿的开场白	如何写演讲稿的开场白
跟着名著学写作	第五篇 读《傅雷家书》学习写信	假设你可以与傅雷就情感处理这一话题进行交流，试着写一封信，表达你对他的观点的理解或你对这个话题的看法	如何在书信交流中谈对某一话题的看法
	第六篇 读《傅雷家书》学写读后感	精读其中的一封信，用200字左右写出自己独特的阅读感受，并联系自己的生活经验来谈。	尽量少引述，重点写出自己的感受
	第七篇 读《钢铁是怎样炼成的》学摘抄	摘抄描写保尔·柯察金言谈举止、心理活动的片段以及各种人物对他的评价	学摘抄
	第八篇 读《钢铁是怎样炼成的》学写读书笔记	写心得，记录自己对保尔·柯察金的看法和评价	学写读书笔记

表 6　九年级上：小作文教学规划

	写作要求	写作内容	写作训练点
片段写作	第一篇 阅读《敬业与乐业》一文谈看法	梁启超说："我信得过我当木匠的做成一张好桌子，和你们当政治家的建设成一个共和国同一价值。"对这个观点，你怎么看？写一段议论性的文字，表明自己的看法	1. 要有明确的观点 2. 至少采用两种论证方法，论证自己的观点
	第二篇 阅读《故乡》一文学习用修辞写人	《故乡》通过夸张、比喻的修辞，塑造了杨二嫂的独特形象，请你运用两种以上的修辞手法，描绘一个你印象深刻的人物，表现人物的特征	运用修辞手法，描绘人物
	第三篇 阅读《孤独之旅》第 36 段学习环境描写	《孤独之旅》一文用环境描写表现了人物的孤独，请你模仿这种写法，通过描写环境，表现出人物的失望无助	1. 调动视觉、听觉、嗅觉等感觉器官，写出环境特点 2. 运用正面描写和侧面描写相结合的写法
	第四篇 阅读《范进中举》学习场景描写	《范进中举》一文，对众乡邻这一群体的描写既能表现群体特征，又能抓住个体特点，请你学习这样的写法，描写某一典型场景中的人物表现	点面结合
跟着名著学写作	第五篇 读《艾青诗选》学写随笔	艾青的诗歌中有着丰富的意象，选择你最有感触的意象，用 200 字左右写出你的感想	学写随笔
	第六篇 读《艾青诗选》学写诗歌	参照《艾青诗选》中的任意一首诗，自己仿作一首	学写诗歌
	第七篇 读《水浒传》学写人物评论	《水浒传》中的人物形象鲜明，给人留下深刻印象，选择两个具有共性又有个性的人物进行评论	人物评论写作
	第八篇 读《水浒传》学写人物小传	找出《水浒传》中你最喜欢的一个，记录下他的人生轨迹、英雄事迹和个性特征，为他写一篇小传	人物小传写作

表 7　九年级下：小作文教学规划

	写作要求	写作内容	写作训练点
片段写作	第一篇 选教材 P16 练习一	在学习完第一单元的诗歌后，一位同学总结了自己对诗歌的看法，写了一句话，请你回顾本单元的诗歌，从中选择几首作为例子，将这句话扩写成一段话	学习扩写
	第二篇 选教材 P22 练习五	看客是鲁迅笔下常见的形象，以《孔乙己》为例，以“鲁迅笔下的看客形象”为题，写一篇小论文	学写小论文
	第三篇 选教材 P112 练习四	观看《天下第一楼》全剧，从常贵、卢孟实、修鼎新中任选一人，参考示例，写一段人物分析	学写对戏剧人物的分析
	第四篇 选教材 P136 练习六	有关诸葛亮的传说、故事、俗语很多，课外搜集资料，以“千秋诸葛亮我评说”为题写一段文字，表达你对诸葛亮的看法	学写对经典人物的评说
跟着名著学写作	第五篇 读《儒林外史》学习续写故事	《儒林外史》中没有贯穿全书的核心人物，书中人物常常在登场数回后即退场，他们退场后又会有什么故事呢？选择书中的一个人物，发挥想象，续写他的故事	学习续写故事
	第六篇 读《儒林外史》学写小论文	选择书中的一个主要人物，细读有关章节，看看作者在刻画人物的过程中，运用了哪些讽刺手法，产生了怎样的讽刺效果。写一篇小论文，谈谈你对《儒林外史》讽刺艺术的体会	学写小论文
	第七篇 读《简·爱》学写人物评传	简·爱是小说的灵魂人物，分析她的人生经历和性格特点，为她写一篇人物评传	学写人物评传
	第八篇 观《简·爱》电影学写观后感	观看《简·爱》电影，欣赏其中精彩对白，加深对原著的理解，写一篇观后感	学写观后感

四、大作文整体规划

宋朝谢枋得在《文章轨范》中曾言：“凡学文，初要胆大，终要小心——由粗入细，由俗入雅，由繁入简，由豪荡入纯粹。此集皆粗枝大叶之文……初学熟之，开广其胸襟，发舒其志气，但见文之易，不见文之难，必能放言高论，笔端不窘束矣。”基于此，得出初中整体性写作教学的大作文规划思路：一是唤醒体验，聚集素材，找寻眼前之竹；二是理清思路，筛选素材，挑选心中之竹；三是提供方法，明确表达，深化笔下之竹；四是提供评价标准与量表，明确写作目标与任务。

具体的规划安排是每册力争规划完成八次的作文训练，前六次与单元写作（不一定是教材）同步，后两次作为提升训练，让学生打开禁锢的枷锁，绽放写作创新之花。见表8。

表8　七年级上（放）：把事情写完整

训练重点	训练主线	写作训练点	参考课文
真情实感，选择材料，有序叙事	写好一份文面	1. 小标点，大作用——标点符号规范使用	《春》《秋天的怀念》
		2. 理思绪，用好图——运用思维导图构思	《散步》《走一步，再走一步》
		3. 小提纲，大本领——学习列提纲技巧	《散步》《秋天的怀念》
		4. 段合理，意清晰——段落结构安排	《春》《散步》
		5. 善修改，得好文——修改文章方法指导	《春》《济南的冬天》
	写顺一件事	6. 明文体，懂要素——把握记叙文文体特征	《散步》《走一步，再走一步》
		7. 意明确，思路开——记叙文如何审题立意	《散步》《秋天的怀念》
		8. 详有法，略得当——记叙文如何详略安排	《阿长与〈山海经〉》《老王》

表 9 七年级下（放）：把事情写丰富

训练重点	训练主线	写作训练点	参考课文
记事：真情实感，选择材料，有序叙事	丰富叙事	1. 第一人称的立脚点——记叙文如何使用不同人称叙事	《台阶》《老王》《溜索》
		2. 一花一净土，一沙一世界——记叙文如何安排叙事的线索	《老山界》、《台阶》、《驿路梨花》、《一滴水经过丽江》、《智取生辰纲》（双线结构）、《藤野先生》（双线结构）
		3. 条理清楚，脉络分明——学习叙述手法：顺叙	《散步》《老山界》《台阶》
		4. 解开悬念，制造波澜——学习叙述手法：插叙	《驿路梨花》《孔乙己》《我的叔叔于勒》
		5. 叙议结合，多姿多彩——叙事中穿插议论	《狼》《河中石兽》《社戏》
		6. 叙中穿情，突出中心——叙事中穿插抒情	《散步》《走一步，再走一步》
	留住精彩	7. 一花一草皆显情——叙事中穿插景物描写（或如何进行景物描写）	《社戏》《散步》《故乡》《孤独之旅》
		8. 留住精彩，定格瞬间——叙事中穿插场面描写（或如何进行场面描写）	《安塞腰鼓》

表 10 八年级上（放）：把人物写生动

训练重点	训练主线	写作训练点	参考课文
写人：细化过程，选点研磨，写活人物	写好一个人	1. 学写人物小传	《伟大的悲剧》、《美丽的颜色》、《著者略历》（老舍）
		2. 描摹画像，形神兼备——如何进行外貌神态描写	《老王》《卖油翁》《范进中举》《刘姥姥进大观园》《孔乙己》《蒲柳人家》
		3. 描写生动，动作传神——如何进行动作描写	《背影》《木兰诗》《范进中举》《刘姥姥进大观园》《孔乙己》《蒲柳人家》
		4. 表达得体，语言符合人物身份特点——如何进行语言描写	《卖油翁》《愚公移山》《范进中举》《三顾茅庐》《刘姥姥进大观园》《孔乙己》《蒲柳人家》

（续表）

训练重点	训练主线	写作训练点	参考课文
		5. 触摸心灵的律动——心理描写的探寻（内心独白）	《木兰诗》《太空一日》《孤独之旅》《蒲柳人家》《屈原》
		6. 触摸心灵的律动——心理描写的探寻（内心对话）	《木兰诗》《太空一日》《孤独之旅》《蒲柳人家》《屈原》
		7. 由表及里，细节传神——如何进行人物细节描写	《阿长与〈山海经〉》《老王》《台阶》《卖油翁》《背影》《秋天的怀念》《说和做——记闻一多先生言行片段》《范进中举》《刘姥姥进大观园》《孔乙己》
		8. 踏花归来马蹄香——如何进行侧面描写	《植树的牧羊人》《藤野先生》《周亚夫军细柳》《愚公移山》《范进中举》《刘姥姥进大观园》

表 11　八年级下（收）：把人物（文章）写感人

训练重点	训练主线	写作训练点	参考课文
写人：细化过程，选点研磨，写活人物	写好一个人	1. 观其行，听其言，悟其心——综合运用描写刻画人物	《说和做——记闻一多先生言行片段》《回忆鲁迅先生》《邓稼先》《阿长与〈山海经〉》《智取生辰纲》《范进中举》《刘姥姥进大观园》
		2. 巧叙一事，凸显个性——记叙文如何一事写一人	《孙权劝学》《台阶》
		3. 多事并叙，立体塑人——记叙文如何多事写一人	《说和做——记闻一多先生言行片段》《阿长与〈山海经〉》《叶圣陶先生二三事》《藤野先生》《列夫·托尔斯泰》《再塑生命的人》
		4. 凡人琐事，平中见奇——记叙文如何选用琐事写人	《老王》《回忆鲁迅先生》《阿长与〈山海经〉》《登勃朗峰》
		5. 在矛盾冲突中写人	《蒲柳人家》《变色龙》《天下第一楼》
		6. 夸张写人	《登勃朗峰》《王几何》
		7. 综合训练	
		8. 综合训练	

表12　九年级上（收）：学写简单议论文 / 记叙文综合训练

训练重点	训练主线	写作训练点	参考课文 / 例文
学写简单议论文，明白论点、论据、论证方法。记叙文综合训练	写好一篇简单议论文	1. 初识议论文	《敬业与乐业》
		2. 议论文的结构	《谈读书》
		3. 议论文的语言	《精神的三间小屋》
		4. 议论文的论证	《敬业与乐业》《谈读书》
	综合：考点突破，谋篇布局，定格作文	5. 出人意料，意境深远——记叙文起承转合的力量	学生佳作
		6. 条理清晰，层次分明——记叙文一线串珠的力量	学生佳作
		7. 窥一斑而知全豹——记叙文以小见大的力量	《散步》、学生佳作
		8. 情感波澜，富有变化——记叙文先抑后扬的力量	《阿长与〈山海经〉》《列夫·托尔斯泰》

表13　九年级下（升）：综合训练——把作文写美丽

训练重点	训练主线	写作训练点	参考课文 / 例文
综合：考点突破，谋篇布局，定格作文	写美一份语言，写活一种结构	1. 运用修饰，突出特征——如何用修辞手法扮靓记叙文的文面	《故乡》（对比）、《藤野先生》（比喻夸张）、《安塞腰鼓》、《春》、《济南的冬天》、《土地的誓言》、《木兰诗》、《列夫·托尔斯泰》、《变色龙》
		2. 整散句式，错落有致——记叙文如何安排句式	《散步》《邓稼先》《安塞腰鼓》
		3. 庄谐活用，富有个性——记叙文如何巧用幽默风趣语言	《藤野先生》《动物笑谈》《列夫·托尔斯泰》《登勃朗峰》《刘姥姥进大观园》《变色龙》
		4. 借景抒情，强化美感——记叙文如何借景抒情	《孤独之旅》《岳阳楼记》
		5. 让思维舒展彩色的双翼——记叙文如何想象联想	《海燕》《列夫·托尔斯泰》《卖炭翁》
		6. 镜头叠加，形散神聚——记叙文如何进行片段组合	《说和做——记闻一多先生言行片段》《回忆鲁迅先生》《叶圣陶先生二三事》《土地的誓言》《岳阳楼记》《安塞腰鼓》《美丽的颜色》《邹忌讽齐王纳谏》
		7. 综合训练	
		8. 综合训练	

五、初中整体性写作教学的评价分析

传统的初中写作评价存在不少弊病，如教师一般就是仅有的、唯一的评价主体，评价过程缺少学生的参与；评价方式单一，忽视学生作为学习的主体的个性差异；评价内容围绕中考评分制度，学生缺少对于写作的热情和对生活的真实感悟。

新课标指出“根据表达的需要，借助语感和语文常识修改自己的作文，做到文从字顺。能与他人交流写作心得，互相评改作文，以分享感受，沟通见解”。

事实证明，明确清晰的写作评价标准，让学生在写作过程中主动以“标准”为依据、向“标准”靠近，逐渐将评价标准内化为自身对写作的认识与理解。在作文教学中，评价是带动学习任务前进的“龙头”，而非判定任务完成情况的“蛇尾”。

为此，作文评价标准的制定是基于学习任务和学生情况的，情境特点比较突出。对于同一评价标准体系，教师还需要根据不同学习任务制定不同的评价标准。甚至，教师可以与学生一起制定评价标准，或由学生讨论制定出标准的初稿，再师生共同研究确定符合学生实际的评价标准。

另外，作文评价的主体应是多元的，可以是教师、学生自己、其他同学等，甚至还可以是家长。一千个读者有一千个哈姆雷特。多元的作文评价主体有助于学生多角度多侧面了解自己的写作情况，从而获得多方的鼓励和支持。此外，多元的评价主体还有利于写作教学资源的多元互动和资源共享，拓展学生思考的广度，增强学生思考的深度。

这与我们倡导的“学教评一体化”初中作文教学的研究和教学实践是相契合的。“学教评一体化”初中作文教学是依据课标，基于学情，以学定教，及时评价，以评促学，构建具有科学性、过程性的初中作文教学体系，提升学生的写作能力和写作素养。

我结合自身一线教学实践及后来的教研工作实际，借鉴江苏、香港等地对于作文的批改与评价，尝试采用自评与互评的方式。限于篇幅，在此不复赘述。对作文自评、互评操作说明有兴趣的朋友，可以查阅拙著《初中写作的别样天地》。

另外，东莞市也有不少学校在探索基于人工智能 AI 的作文评价方式。新课标也提倡“注重评价主体的多元与互动，以及多种评价方式的综合运用，充分利用现代信息技术促进评价方式的变革”。在信息化进程中，基于人工智能批改是作文评价的一个信息手段。我们试图全力推动初中作文教学与训练创新，试图让教师能更精准分析、实时反馈学情的个体差异，在作文教学中动态调整教学的内容和重难点的突破策略，实现学生个性化的写作，可适度提升学生的写作兴趣、表达能力和思维品质。当然，研究目前尚在小范围试点与摸索中，希望不久的将来，我们能找寻到一条适合东莞市实际的评价之路。

“人们为什么写文章可以有很多目的，比如为了传递信息、传播知识，为了创造艺术、创造美感。还有更深的一层，就像开矿一样，是为了开采新的思想，交流新的思想。”得作文者得语文，写作教学的质量是语文教学质量的重要表征。

鲁迅先生在《做古文和做好人的秘诀》中谈道“从前教我们作文的先生，并不传授什么《马氏文通》《文章作法》之流，一天到晚，只是读，做，读，做；做得不好，又读，又做。他却决不说坏处在那里，作文要怎样。一条暗胡同，一任你自己去摸索，走得通与否，大家听天由命。但偶然之间，也会不知怎么一来——真是‘偶然之间’而且‘不知怎么一来’，——卷子上的文章，居然被涂改的少下去，留下的，而且有密圈的处所多起来了。于是学生满心欢喜，就照这样——真是自己也莫名其妙，不过是‘照这样’——做下去，年深月久之后，先生就不再删改你的文章了，只在篇末批些‘有书有笔，不蔓不枝’之类，到这时候，即可以算作‘通’”。先生在《致赖少麒信》又言：“文章应该怎样做，我说不出来，因为自己的作文，是由于多看和练习，此外并无心得或方法。”

确实，长期积累，妙手偶得。写作是一个长期的渐进的积累、写作和反复修改的过程。对写作教学的研究，应该是一个永恒的话题。

第三章

『学—教—评』一体化教学探索

第 13 节

立德树人培育价值　稳中求变弘扬文化

——2000—2022 年广东初中语文学业水平试题研究

“考试命题对学校教育教学具有重要引导作用，是健全立德树人落实机制、扭转不科学教育评价导向的关键环节，对于全面贯彻党的教育方针和发展素质教育具有重要意义。”

为了解广东省初中语文命题规律和试题对语文教育教学的影响，加强对试题规律和客观数据的系统研究，而不是单凭经验、单凭个人感觉来感知试题的变化，我收集整理了 2000—2022 年广东初中语文学业水平试题（以下简称“23 套题”），并对这 23 套题进行了纵向分析。我试图在研究试题的过程中，发掘广东初中语文学业水平试题的变化与发展的脉络，发现课标（2001 版、2011 版和 2022 版）实施 20 多年来的变迁对“教学评”的影响，进而从评价角度为初中语文的教学提供依据和参考，更好地为教学活动服务。

我将从试卷形式、试卷结构、试卷特点等方面对 23 套试题进行分析，用数据、例子开展研究。

一、试卷形式

1. 试卷分值

试卷总分分值的设置，一般与试卷的考查内容的分布、作答时间的长短、考查能力的偏重、试题的难易度以及试题的题量多少等诸多因素有关。23 年来，广东初中语文学业水平试题满分均为 120 分，其中 2000—2021 年，这 22 年的试卷分值设置均为：

本卷满分 120 分，本试卷设有附加题，共 10 分，考生可答可不答；其得分作为补偿分计入总分，但全卷最后得分不得超过 120 分；2022 年全卷满分为 120 分，未设置附加题。

其中，2000—2005 年设置了卷面分 4 分，2006 年在默写题里设置了 2 分书写分，2007—2022 年均未设置卷面分和书写分。

2. 答题时间

答题时间可能影响考生的考前准备，一定程度也是对考生考前心理、应变能力、应变策略的侧面考查。见表 1。

表 1　23 套题答题时间设置统计表

答题时间（分钟）	试卷年份（年）	试卷年数（年）
100	2000—2006 年	7
120	2007—2022 年	16

3. 试卷题量

收集的 23 套试卷，不仅在答题设置上存在不同，而且整套试卷的题目数量也存在着不同，其中数量最多的是 26 题，最少的是 18 题，大部分年份全卷数量是集中在 22—23 题之间。见表 2。

表 2　23 套题题量统计表

试卷年份 / 年	试卷题量 / 题			试卷文字阅读量 / 字
	正题	附加题	试题总题量	
2000	23	2	25	3979
2001	22	2	24	3982
2002	22	2	24	3889
2003	21	2	23	4226
2004	21	2	23	4419
2005	19	2	21	4338
2006	20	2	22	4302
2007	22	4	26	4612
2008	22	4	26	5803

（续表）

试卷年份 / 年	试卷题量 / 题			试卷文字阅读量 / 字
	正题	附加题	试题总题量	
2009	21	4	25	4832
2010	21	4	25	5217
2011	19	4	23	5391
2012	19	4	23	5915
2013	19	4	23	5722
2014	19	3	22	5779
2015	19	3	22	5984
2016	19	3	22	5864
2017	19	3	22	5794
2018	19	3	22	5986
2019	19	3	22	6264
2020	19	3	22	5655
2021	19	3	22	5749
2022	18	0	18	5272

由表 1、表 2 可知，2000—2006 年这 7 年答题时间设置是 100 分钟，试题总题量在 21—25 之间，正题在 19—23 题之间，附加题均为 2 题，比较稳定，试卷文字阅读量在 3800—4500 字之间；2007—2022 年这 16 年答题时间设置是 120 分钟，试题总题量在 18—26 之间，其中 2007—2013 年的正题在 19—22 题之间，附加题均为 4 题，2014—2021 年的正题均为 19 题，附加题均为 3 题，2007—2022 年试卷文字阅读量在 4600—6300 字之间。

其中 2000—2020 年整卷的题号设置均是正题与附加题之间分开的，2021 年正题与附加题之间的题号未分开，直接以整张卷 22 题设置题号。2022 年的正题为 18 题，没有附加题。

从大规模教育评估的经验来看，试题数量与考查时间均会影响学生的实际作答情况，进而影响考查结果的效度。从收集的 23 年的试题来看，试题数量与答题时间配比都在学生承受范围内。广东初中语文学业水平试卷答题时间的设置会受试题题量与文字阅读量等方面因素的影响。

二、试卷结构

从23年的试题内容结构来看，命题者严格按照不同年代相关要求来确定。一般来说，内容要素包括语文基础知识积累与运用、现代文阅读、文言文阅读、写作、名著阅读等方面。为了便于统计分析，我从“积累与运用、阅读、写作”三个维度对试卷结构组成部分进行分析研究。“口语交际和综合性学习”方面未独立成板块考查，所以在分析时划入“积累与运用”板块。

（一）积累与运用

1. 题目情况

“积累与运用”这一维度主要考查语言积累、语言运用、诗文默写等。23年来，积累与运用的在题目称法、分值、题量、题目分布等方面都有所变化，见表3。

表3　23套题“积累与运用”题目情况一览表

题目称法	试卷年份/年	分值/分	题量/题
积累与运用	2000、2001	10	2
	2002	12	2
	2003	14	2
	2004	14	4
基础与整合/古诗文默写	2005	12+10	5
	2006	14+12	6
基础	2007—2010	28	8
	2011—2013	25	5
	2014—2020	24	5
积累与运用	2021	24	6
	2022	30	5

由表3可知，在23年间，“积累与运用”均放在广东初中语文学业水平语文试卷的第一大题，但是题目的称法有变化，2000—2004年称为“积累与运用”，2005—

2006 年称为“基础整合”，“古诗文默写”放在第二大题“古诗文阅读”部分（为了方便分析，将其放在“积累与运用”部分统计），2007—2020 年 14 年间均称为“基础”，2021—2022 年称为“积累与运用”。

2000—2004 年分值在 10–14 分之间，题量在 2—4 题之间；2005—2006 年分值在 22—26 分之间，题量在 5—6 题之间；2007—2010 年分值均为 28 分，题量为 8 题，4 年很稳定；2011—2013 年分值均为 25 分，题量为 5 题；2014—2020 年分值均为 24 分，题量为 5 题，7 年非常稳定；2021 年分值为 24 分，题量为 6 题；2022 年分值为 30 分，题量为 5 题，这两年有所变化。

2. 题目结构分布

在统计过程中发现，在23年中，“积累与运用”的题目结构分布是在不断变化的。见表4—表10。

表 4　2000—2004 年“积累与运用”题目结构分布情况一览表

年份 / 年	题目 1	题目 2	题目 3
2000—2002	古诗文默写	改错别字及修改病句	附加题：仿写
2003			附加题：结合名著情节写一段话
2004			附加题：对对联

2000—2004 年的“积累与运用”均为“古诗文默写”和“改错别字及修改病句”，这 5 年题目结构稳定。在附加题部分，前三年均为仿写句子，2003 年涉及名著知识考查：

根据要求写一段话。要求：（1）以我国四大古典名著中的人物与情节作为内容，其中人物要涉及 3 个或 3 个以上。（2）用上总分（或“分总”）结构和排比手法。

2004 年考查对联知识。由表 4 可知，仿写句子、名著知识、对对联等题目是以附加题形式出现的，难度相对较大。

表 5　2005—2006 年“基础与整合”题目结构分布情况一览表

年份 / 年	题目 1	题目 2	题目 3	题目 4	题目 5	题目 6	题目 7
2005	辨字读音	选错别字	病句修改	名著常识	写颁奖词	古诗文默写	附加题：写小诗
2006	根据拼音写词语	根据语境填成语	仿写	补写名著故事情节	写开场白	古诗文默写	附加题：写小诗

2005年和2006年这两年，“基础与整合”都是5道题，2005年前3题为选择题，第4、5两题基于“活说英雄”的综合性学习活动这个情境，考查名著常识和模仿“感动中国”的颁奖词为名著人物写颁奖词；2006年前3题为填空题，考查词语的积累和仿写句子，第4、5题基于“班上将开展一次文学名著知识竞赛活动”这个活动情境，考查写开场白和补写《西游记》情节。两年的古诗文默写都是放在第二大题文言文阅读里，附加题都是写小诗：

2005年：品诗写诗。品读下面诗歌，你会得到很多启发。请你从下面题目中任选一题，也来创作一首小诗。试题提供朱自清的小诗《细雨》。

2006年：就要毕业了，请你在送给好友的照片后面以《自题小像》为题创作一首小诗，或表达友情，或自我素描，或抒写志向。

表6 2007—2010年“基础”题目结构分布情况一览表

年份/年	题目1—3	题目4	题目5	题目6—8
2007	古诗文默写；文言实词意思；根据拼音写词语	用对比手法概括内容	提供词语写一段话	“话说广东历史人物”综合性学习活动
2008		仿写		文学社社员进行“母亲河溯源”活动
2009				以“辨别不良广告”为主题的综合性学习活动
2010				参加啦啦队队员的竞选

2007—2010年这四年中，前3题均为古诗文默写、文言实词意思、根据拼音写词语，其中第1、2题是独立的题目，第3—5题是结合具体的文段设置的题目。第4题2007年为用对比手法概括文段中的父母的做法，2008—2010年均为仿写句子，第5题四年均为选择提供词语写一段连贯的话。这四年中，最具特色的是第6、7、8题这三题的设计，设置一个活动情境，以任务驱动完成试题，考查了宣传口号设计、标语设计、竞选发言等。

表7 2011—2013年“基础”题目结构分布情况一览表

年份/年	题目1	题目2	题目3	题目4	题目5
2011	古诗文默写	根据拼音写词语	病句修改	提供词语写一段话	筛选信息
2012					概括、筛选信息
2013					下定义、谈看法

2011—2013 年沿袭了前几年的古诗文默写、根据拼音写词语、提供词语写一段话这 3 题，增加了病句修改这道选择题，第 5 题考查学生筛选信息、概括等能力。但是，基础的这 5 道题是独立的。

表 8　2014—2017 年“基础”题目结构分布情况一览表

年份 / 年	题目 1	题目 2	题目 3	题目 4	题目 5
2014—2017	古诗文默写	根据拼音写词语	词语运用	病句修改	仿写

2014—2017 年沿袭了前几年的古诗文默写、根据拼音写词语、病句修改这 3 题，持续了 7 年的“提供词语写一段话”这道题没有了，增加了一道词语运用选择题。这四年第 5 题考查仿写句子。同样，基础的这 5 道题是独立的。

表 9　2018—2020 年“基础”题目结构分布情况一览表

<table>
<tr><th>年份 / 年</th><th>题目 1</th><th>题目 2</th><th>题目 3</th><th>题目 4</th><th>题目 5</th></tr>
<tr><td>2018</td><td rowspan="3">古诗文默写</td><td rowspan="3">根据拼音写词语</td><td rowspan="3">词语运用</td><td rowspan="3">病句修改</td><td>一句话概括；下定义</td></tr>
<tr><td>2019</td><td>一句话概括；对对联</td></tr>
<tr><td>2020</td><td>一句话概括；仿写</td></tr>
</table>

2018—2020 年沿袭了前几年的古诗文默写、根据拼音写词语、词语运用、病句修改这 4 题，第 5 题以 2 小题的形式考查，其中第 1 小题均为一句话概括，第 2 小题考查了下定义、对对联、仿写。不过，基础的这 5 道题也还是独立设题，没有进行整合。

表 10　2021—2022 年“基础”题目结构分布情况一览表

<table>
<tr><th>年份 / 年</th><th>题目 1</th><th>题目 2</th><th>题目 3</th><th>题目 4</th><th>题目 5</th><th>题目 6</th></tr>
<tr><td>2021</td><td rowspan="2">古诗文默写</td><td rowspan="2">根据拼音写词语</td><td rowspan="2">词语运用</td><td rowspan="2">病句修改</td><td>抄写书法作品</td><td>赏析诗歌</td></tr>
<tr><td>2022</td><td>班级拟创办班刊《飞扬青春》，请根据要求完成四个任务</td><td></td></tr>
</table>

2021—2022年这两年的前4题与前几年保持基本稳定，仅是古诗文默写要求填写12句古诗词，答对一句得1分，答对10个就得满分。2021年第5题书法与古诗结合，设置现实情境，借助书法考查古诗格律知识。2022年第5题设置情境，以任务驱动，让

学生概括草书的特点以及青少年的特点，考查学生对汉字文化的理解；要求学生从青春榜样（“红小鬼”和保尔）中任选一个，结合名著，在班刊栏目“致敬榜样”写下感悟。这些情境创设，考查学生在真实情境中的语言运用能力，引导学生学以致用，更彰显语文的工具性。

综上，23 年来，广东“积累与运用”板块在稳定中又不断发展变化，基本符合“合理设置试题结构，减少机械记忆试题和客观性试题比例，提高探究性、开放性、综合性试题比例”理念。整个“积累与运用”尤其是默写板块，命题的成熟性与规律性比较明显：

一是注重基础性。基本上遵循课标（统编教材）规定篇目。

二是注重经典性。设题以经典名句为主，尤其是富有哲理、抒发美好情感、描写优美意境的句子，给予学生美的熏陶。

三是注重情境性。设置情境，兼顾题型（识记型、理解型、运用型）与体裁（古体诗、律诗绝句、词曲、古文）及内容分布（七、八、九册各年级教材）的合理均衡，联系生活，注重运用。

（二）阅读

“阅读”这一维度的试题主要包括“现代文阅读、古诗文阅读、名著阅读”等内容。现代文阅读主要是实用类文本阅读和文学类文本阅读；古诗文阅读主要是指文言文阅读和古诗文阅读；名著阅读主要是对课程标准（统编教材）推荐阅读书目的考查。

1. 现代文阅读

现代文阅读是中考试卷的重要组成部分。23 年的 23 套试卷共考查了 51 篇阅读材料。2000—2004 年每年考查 3 篇现代文，2005—2022 年每年考查 2 篇现代文。见表 11—表 17。

表 11　2000—2004 年“现代文阅读”题目情况一览表

年份/年	篇数/篇	总分值/分	篇目 1	篇目 1 分值/分	篇目 2	篇目 2 分值/分	篇目 3	篇目 3 分值/分
2000	3	44	课内小说	12	议论文	14	散文	14
2001	3	41	课内小说	12	散文	15	议论文	14
2002	3	42	课内小说	10	说明文	14	散文	18

（续表）

年份/年	篇数/篇	总分值/分	篇目1	篇目1分值/分	篇目2	篇目2分值/分	篇目3	篇目3分值/分
2003	3	42	说明文	12	议论文	12	散文	18
2004	3	42	说明文	12	议论文	12	散文	18

2000—2004年每年都是考查3篇现代文，总分值在41—44分之间，占全卷分值的34.2%—36.7%。2000—2002年这3年其中一篇是课内现代文，2003—2004年取消了课内现代文，分别安排为说明文、议论文及文学类文本。

表12　2005—2022年“现代文阅读”题目情况一览表

年份/年	篇数/篇	总分值/分	篇目1	篇目1分值/分	篇目2	篇目2分值/分
2005	2	32	说明文	14	散文	18
2006	2	32	议论文	13	散文	19
2007	2	26	说明文	11	散文	15
2008	2	26	议论文	11	散文	15
2009	2	26	说明文	11	散文	15
2010	2	26	议论文	11	散文	15
2011	2	25	说明文	10	小说	15
2012	2	25	说明文	10	散文	15
2013	2	25	议论文	10	小说	15
2014—2017	2	27	议论文	10	小说	17
2018	2	27	说明文	10	散文	17
2019	2	27	议论文	10	小说	17
2020	2	27	说明文	10	散文	17
2021	2	27	非连文本	10	小说	17
2022	2	25	非连文本	10	散文	15

2005—2022年这18年，每年都是考查两篇现代文，均为课外现代文，组合方式是“1篇实用类文本+1篇文学类文本”。总分值在25—32分之间，占全卷分值的20.8%—

26.7%。其中 2005、2006 年这两年为 32 分，2007—2010 年这 4 年为 26 分，2011—2013 年这 3 年为 25 分，2014—2021 年这 8 年为 27 分，说明近 15 年来现代文的分值是比较固定的。

由表 11、12 可见，作为现代文阅读的重要组成部分，23 年来，文学类文本阅读试题是持续不断的，除了 2001 年是放在课内现代文阅读之后外，其余均放在实用类文本阅读后面。文学类文本阅读的分值在 14—19 分之间，占全卷分值的 11.7%—15.8%。在 23 年间，文学类文本阅读中 15 年是考查散文，8 年是考查小说，2000—2010 年这 11 年均考查散文，未涉及课外小说阅读考查，2011—2022 年这 12 年中有 8 年考查小说，特别是 2013—2017 年这 5 年连续考查小说。

在 23 年的 51 篇现代文阅读材料中，其中说明文阅读材料有 10 篇，占现代文阅读篇目总数的 19.6%；分值在 10—14 分之间，占全卷分值的 8.3%—11.7%。另外，议论文阅读材料有 11 篇，占现代文阅读篇目总数的 21.6%；分值在 11—14 分之间，占全卷分值的 9.2%—11.7%。还有，2021 和 2022 年这 2 年考查了非连续性文本阅读。

纵观 20 余年的现代文（文学类文本）阅读命题，其命题主要是依据文本（散文、小说）的体式特征，考查学生的关键阅读能力：理解、应用、分析、评价、创造等。

我从 23 年、近十年、近五年的考查频次对文学类文本阅读的十个考查维度进行分析，见图 1：

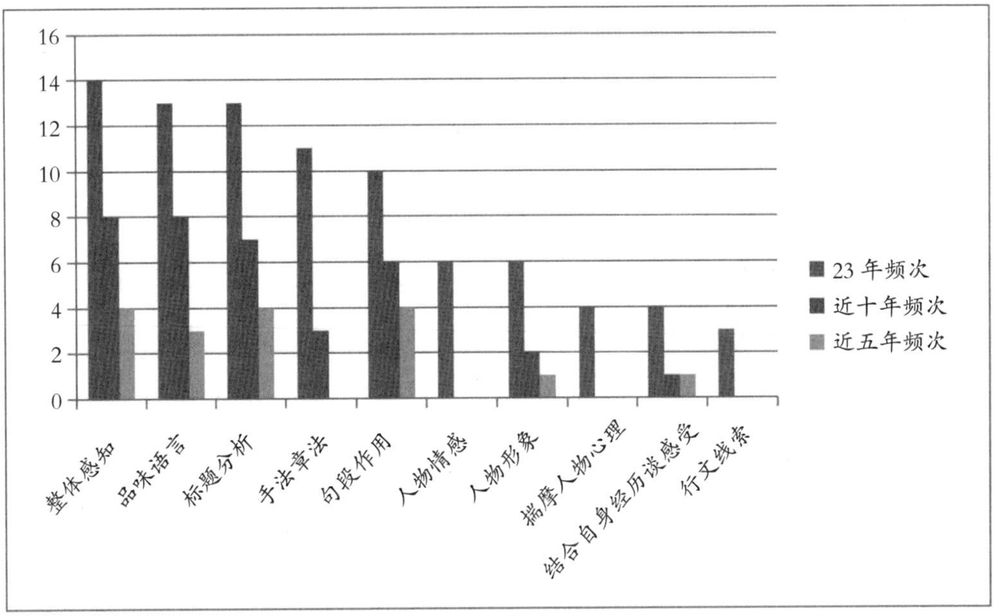

图 1　文学类文本阅读考查维度统计分析

由图 1 可知，“整体感知”“品味语言”和“标题分析”是高频考点。23 年中，考查频次占比均超过 50%；近十年中，有 8 年（次）考查“整体感知”和“品味语言”，占比均为 80%，有 7 年（次）考查“标题分析”；近五年中，有 4 年（次）考查“整体感知”和“标题分析”，3 年（次）考查“品味语言”。

“手法章法”也有考查 11 年（次），考查频次占 47.8%。近十年中，考查了 3 年（次），占 30%，近五年一次都未考查。这说明命题者比较青睐文章学、表达技法等角度，不过，近五年均未涉及。

“句段作用”23 年中考查了 10 年（次），近十年中考查了 6 次，近五年中考查了 4 次。可见“句段作用”这一知识能力点的热度。

23 年来，“整体感知”的考查主要以概括内容和概括情节及感知人物情感的形式出现。2006—2022 年题目位置均为第 15 题，分值均为 4 分。

有时是以问答题的题型考查，如：

2006 年：15. 简要复述“词典的故事”。要求写清楚事件的起因、经过、结果。（4 分）

2020 年：15. 选文中哪些事体现了莉君母亲的“能干”？（4 分）

2021 年：15. 结合选文，简要分析第②段“她”对望北已经很熟悉的原因。（4 分）

有时是以补充表格的形式考查，如：

2014 年：15. 根据小说的情节，以陈叶为陈述对象，完成下面的表格。（4 分）

2019 年：15. 文章重点写三盏“小油灯”，它们都给了“我”启迪。结合全文，填写表格。（4 分）

23 年来，“手法章法”主要考查了“对比、衬托、伏笔、铺垫、插叙”这 5 种。如 2012 年：15. 本文多处运用了对比的手法，请找出两处，并作简要的分析。（6 分）2014 年：16. 第③段多处运用对比手法，请举一例，作简要分析。（4 分）2020 年：16. 选文多处运用插叙的写法，请举出一例并简析其作用。(4 分）题目一般设置在第 16 题的位置，分值为 4 分。

“标题分析”一般是涉及标题含义及作用的分析，与理解文章主旨有紧密联系。如 2015 年：18.“集中营的课堂”有什么深刻含义？文章以此为标题有什么作用？请作简要分析。（5 分）2016 年：18. 有人认为，小说的标题“平衡”独具匠心；也有人认为小说以“锁”作为标题耐人寻味。请选择其中一种观点，谈谈你的看法。（5 分）

2019 年：18. 文章以“灯红如豆”为题目，有什么妙处？（5 分）

“句段作用”的考查主要涉及开头段、重点段、结尾段的作用分析。如 2014 年：18. 小说的结局耐人寻味，请说说其妙处。（5 分）2017 年：16. 联系全文，简要分析第④段在文中的作用。（4 分）2018 年：16. 分析第①段在文中的作用。（4 分）2019 年：16. 第②段在文中有什么作用？（4 分）2021 年：16. 第⑤段写“她”还学会了一首歌，这样写有什么作用？请结合选文简要回答。(4 分)2022 年：14. 第①段画线的句子在文中有什么作用？请简要回答。(4 分)

综上，23 年来的广东中考文学类文本选择，以“体现课程、课标要求，紧扣语文核心素养目标”为原则，文学类考查体现了一定的连贯性和相对的稳定性，有助于引导教学：

一是注重文质兼美。有形象的语言表达，丰富的作品形象，较为深刻的主题内涵。

二是注重高雅情趣。关注不同风格、有正确的价值观、有高雅审美情趣的作品，以及不同民族、区域、国家的不同作品；重视文学作品的熏陶作用，培养学生正确的人生观、价值观；重视实用类文本的生活实践价值，贴近生活，具有鲜明时代性。

三是注重迁移拓展。选文兼顾所学课文的文体、内容、主题，以促进学生课堂学习的延伸迁移。

2. 古诗文阅读

（1）题目情况

23 年来，广东初中语文学业水平试题中，基本未出现古诗词阅读角度的题目，仅是 2005、2006 年在题目设置中用了“古诗文阅读”的说法，但也只是古诗文的默写和文言文的阅读，所以，在本统计中，呈现的全是文言文阅读的情况。见表 13。

表 13　23 套题“文言文阅读”题目情况一览表

年份 / 年	课内文言文位置	课外文言文位置	课内文言文题量 / 题	课外文言文题量 / 题	总题量 / 题	课内文言文分值 / 分	课外文言文分值 / 分	总分值 / 分
2000	三	附加题	3	3	6	12	6	18
2001	三	附加题	4	3	7	15	6	21
2002	三	附加题	4	3	7	12	6	18
2003	二	附加题	4	2	6	10	6	16

（续表）

年份 / 年	课内文言文位置	课外文言文位置	课内文言文题量 / 题	课外文言文题量 / 题	总题量 / 题	课内文言文分值 / 分	课外文言文分值 / 分	总分值 / 分
2004	二	附加题	4	3	7	10	6	16
2005	二	附加题	3	3	6	8	6	14
2006	二	附加题	3	2	5	8	6	14
2007—2010	二（一）	附加题	3	4	7	8	10	18
2011	二（一）	附加题	4	4	8	12	10	22
2012	二（一）	附加题	4	4	8	14	10	24
2013	二（一）	附加题	4	4	8	12	10	22
2014—2020	二（一）	二（二）	3	3	6	10	9	19
2021	二（一）		5			19		
2022	二（一）		5			15		

由表 13 可知，2000—2002 年，课内文言文阅读放在第三大题，作为独立板块放在现代文阅读之后；2003—2006 年，课内文言文阅读放在第二大题，作为独立板块放在现代文阅读之前；2007—2022 年，课内文言文以第二大题阅读中的第一小题的形式出现在试题中，是阅读板块中的一个小板块。课外文言文阅读 2000—2013 年均以附加题的形式出现在试题中，2000—2006 年，是附加题的第一部分，占 60% 的分值；2007—2013 年，是附加题的全部，占 100% 的分值；2014—2020 年，课外文言文以第二大题阅读中的第二小题的形式出现在试题中，是阅读板块中的一个小板块。2000—2020 年，21 年间，试卷里的课内文言文和课外文言文这两篇之间是没有任何关联的；2021—2022 年，课内文言文和课外文言文以甲乙两文搭配的形式出现在第二大题阅读中的第一小题中，在选文内容和考题设置中，两文之间有所关联。

在 2000—2020 年间，课内文言文的题量在 3—4 题之间，比较稳定，2021 年和 2022 年，涉及课内文言文的题目为 2 题，还有 1 道是与课外文言文勾连设置。课外文言文题量在 2—4 题之间，2007—2013 年题量均为 4 题，相对题量较多。23 年来，文言文阅读的总题量在 5—8 题，其中 2011—2013 年，总题量为 8 题，课内外文言文阅读均为 4 题。2006 年、2021 年、2022 年这 3 年的总题量为 5 题，相对较少。

在2000—2020年间，课内文言文的分值在8—15分之间，2005—2010年均为8分，6年内很稳定，2014—2020年均为10分，7年间也相对固定。分值较多的是2001年和2012年，分别为15分、14分。课外文言文的分值在6—10分之间，2000—2006年为6分，2007—2013年为10分，2014—2020年为9分，课外文言文的分值相对比较稳定，七年进行一次调整。

23年来，文言文阅读的总分值在14—24分之间，占全卷分值的11.7%—20%。年份不同，分值差距相对较大。最多的是2012年，为24分，最少的是2005和2006年，为14分，2022年为15分，相对分值也较少。2007—2010年均为18分，2014—2021年为19分，比较稳定。

综上，文言文阅读在题目位置的设置、题量安排、分值的设定等方面，在23年来，都是不断发展改变的。

（2）文言文考查材料情况

23年来，文言文阅读在选用考查材料方面遵循课内外兼顾的原则。见表14。

表14　23套题“文言文考查材料”一览表

年份/年	课内文言文	课外文言文（原文无题目的，用文章第一句）	课外文言文出处
2000	《爱莲说》	吴起为魏将	《说苑》
2001	《桃花源记》	曾子杀彘	《韩非子》
2002	《岳阳楼记》	华歆、王朗俱乘船避难	《世说新语》
2003	《记承天寺夜游》	鲁国之法	《智囊》
2004	《送董邵南游河北序》	大宗有一骏马	《贞观政要》
2005	《曹刿论战》	董行成	《太平广记》
2006	《送东阳马生序》	太祖时	《归田录》
2007	《马说》	齐宣王为大室	《新序》
2008	《愚公移山》	陈元方年十一时	《世说新语》
2009	《桃花源记》	淳熙中	《齐东野语》
2010	《三峡》	于中丞成龙按部至高邮	《聊斋·于成龙》

（续表）

年份 / 年	课内文言文	课外文言文 （原文无题目的，用文章第一句）	课外文言文出处
2011	《出师表》	言默戒	《龟山集》
2012	《岳阳楼记》	程氏爱鸟	《东坡杂记》
2013	《满井游记》	赵且伐燕	《战国策》
2014	《邹忌讽齐王纳谏》	祁黄羊去私	《吕氏春秋》
2015	《小石潭记》	晋文公攻原	《吕氏春秋》
2016	《桃花源记》	亭林先生自少至老手不释书	《清朝艺苑》
2017	《出师表》	狄武襄公青初以散直为延州指使	《渑水燕谈录》
2018	《送东阳马生序》	初，敦之举兵也	《晋书》
2019	《岳阳楼记》	马援少时	《资治通鉴》
2020	《富贵不能淫》	祯，高宗时为苏州长史	《旧唐书·文苑传》
2021	《曹刿论战》	诸军初至	《资治通鉴》
2022	《马说》	段直字正卿	《元史·段直传》

由表 14 可知，考查材料不管是课内篇目还是课外篇目，多侧重于展示传统文化中的优秀道德情操，着力体现中国传统文化。从取材范围来看，考查材料几乎涵盖了中国历史自先秦至清朝的所有朝代。从课内篇目的考查频率看，《桃花源记》和《岳阳楼记》为 3 次，《曹刿论战》《出师表》《马说》《送东阳马生序》为 2 次，可见命题者对课内经典篇目的关注。

从考查内容选择的角度来看，23 年来，课外文言文的选文有一个共同点：优秀的人、优秀的事。从考查涉及的作家角度来看，课外考查频次较多的作品是《资治通鉴》《吕氏春秋》《世说新语》，其余的考查材料均出自不同的作家作品。

（3）文言文考查内容

从考查内容看，一方面，文言文考查十分重视对基础的考查，文言词语的解释、文言句子的断句、翻译是最重要的考查内容；另一方面，提取信息、解释推论、反思评价等也是考查内容。为此，我将从文言词语、断句、句子翻译三方面对广东 23 年

（续表）

来的中考试题进行统计分析。

广东初中语文学业水平试题中在基础、课内文言文阅读、课外文言文阅读中均出现过文言词语的考查，统计见表。

表 15　23 套题“文言词语”考查情况统计表

年份 / 年	基础	课内文言文阅读	课外文言文阅读
2000	—	益、植、鲜	—
2001	—	要、之、咸、为	之、反
2002	—	尝、或、先	—
2003	—	念、遂、寝、相与	—
2004	—	适、易、恶	—
2005	秋、穷、志、舍	—	—
2006	遗、薄、许、厌	—	—
2007	惩、师、鲜、顾	—	释
2008	湍、反、国、间	—	称、法
2009	通、方、观、色	—	延、速
2010	临、异、直、鄙	—	适、谕
2011	—	论、远、遗、宜	或、取
2012	—	备、极、薄、或	信、去
2013	—	得、辄、时、许	且、敝
2014	—	孰、私、间	为、子、国、闻
2015	—	可、清、居	期、下、食、归
2016	—	异、属、规	书、若、已、据
2017	—	躬、夙、慢	是时、面、翕、尚
2018	—	走、至、腰	举、直、与、望
2019	—	属、去、偕	辞、之、益、从

（续表）

年份 / 年	基础	课内文言文阅读	课外文言文阅读
2020	—	诚、志、谓、屈	循、恃、杖、及
2021	—	鄙、属、驰、惧	至、方、从、若
2022	—	食、策、临	结、俟

由表 15 可知，2000—2004 年，文言词语的考查主要设置在课内文言文阅读部分，在 2001 年的课外文言文阅读中也涉及了。2005—2010 年，主要集中在基础和课外文言文阅读部分，基础部分考查主要是以选择题的形式进行一词多义的考查，与试卷中的文言文文本阅读是没有联系的，课内文言文阅读部分未涉及文言词语的考查。2011—2022 年，均设置在课内文言文和课外文言文部分考查，文言词语的考查与具体的文言文本是有关联的。

综观 23 套试题，文言词语的考查共涉及 105 个，以实词为主，兼顾个别主要虚词。实词主要涉及一词多义、通假字、词类活用、古今异义等比较特殊的用法，都是理解文言句意的关键；虚词主要侧重考查在日常学习中的高频词。

我结合本人研究规划的 90 个常用实词（详见本书第 1 节），对 23 年来考查的文言字词进行了分类统计，详见表 16。

表 16　23 套题“文言字词”考查情况统计表

类别	频次	考查字词		规划词占该频次比
		规划常用实词考查	（非规划）其他词考查	
实词（单）	3 次	属	或	50%
	2 次	益、间、去、许、遗、鄙、从、方、临、若、食、异	鲜、薄、适、反、国、直、至	66.7%
	1 次	得、顾、归、及、举、穷、信、走、备、辞、诚、观、居、取、舍、时、书、孰、私、谓、闻、通、易、志、期	植、要、咸、尝、先、念、遂、寝、恶、秋、厌、惩、师、释、湍、称、法、色、延、速、谕、论、远、宜、极、辄、敝、子、可、清、下、规、已、据、躬、夙、慢、面、翕、尚、腰、望、偕、屈、循、恃、杖、及、驰、惧、策、结、俟	32.1%

（续表）

类别	频次	考查字词		规划词占该频次比
		规划常用实词考查	（非规划）其他词考查	
实词（双）		相与、是时		
主要虚词		之（3）、为（2）、与（1）、且（1）		

表16说明：（1）本统计主要分析单音节字词；（2）“规划常用实词考查”栏，是指23年来考查的、我规划的90个常用实词中的词语；（3）“规划词占该频次比”栏，是指该考查到的常用实词占该频次总词数比。

表17　23套题“文言文句子翻译及断句”情况一览表

年份/年	课内/题	分值/分	课外/题	分值/分	断句/题	分值/分
2000	1	3	1	2	0	0
2001	1	4	1	2	0	0
2002	2	4	1	2	0	0
2003	1	3	1	2	1	2
2004	1	3	0	0	1	2
2005	2	4	0	0	1	2
2006—2010	1	3	0	0	1	2
2011	1	3	1	3	0	0
2012	1	4	1	3	0	0
2013	1	3	1	3	0	0
2014—2021	2	4	0	0	1	3
2022	1	4	0	0	1	3

由表17可知，2000—2003年这4年每年均考查课内和课外的文言句子翻译，2004—2009年只考查课内文言句子翻译，2011—2013年又均考查课内和课外的文言句子翻译，2014—2022年均只考课内文言句子翻译。2000—2013年，文言句子翻译的分值有一定的差异，2000、2003、2004、2006、2007、2008、2009、2010、2011这几年均为一句翻译3分，2001和2012年为一句翻译4分，2002和2005年为两句翻译4分，2014—2021年，这8年均为两句翻译4分，2022年又变成一句翻译4分。

2003—2010年8年来都考查学生断句的能力，考查的题目设计为：请用“|”线标示出需要加标点符号的位置。题目未要求标示几处，分值为2分。2014—2019年这6

年断句的题目设计为：请用三条“/”给文中画线的句子断句。题目指令明确要求断3处，分值为3分。2020—2022年，断句题目的表述又有所变化：请用“/”给文中画线的句子断句。题目未要求断几处，分值同样为3分。

广东省文言文试题以古代优秀作品为载体，对初中生的思想情感的熏陶感染具有天然优势。对广东20余年来的文言文试题考查分析结论，也符合拙作《以文化人 守正创新——2020年全国各地中考文言文试题研究》的结论与判断（见本书第14节），在此不再赘述。

3. 名著阅读

23年来，有19年考查了名著阅读试题。19套试卷涉及的名著阅读试题大部分以“名著阅读”命名或题干中出现“名著阅读”的表述，也有个别试题以填空的形式出现在附加题中，还有在“积累与运用”板块以选择题或填空题的形式考查，但考查的内容均属于名著阅读的范畴。为了方便统计，将以上试题统称为“名著阅读”试题。见表18—表21。

表18　23套题“名著阅读”题目情况一览表

年份 / 年	考查篇目	试题位置	题量 / 题	分值 / 分	文本形式	阅读字数 / 字
2000—2002	—	—	—	—	—	—
2003	四大名著	附加题	1	4	无文本	—
2004	《三国演义》	附加题	1	4	无文本	—
2005	任一名著	一、基础与整合	1	2	无文本	—
2006	《西游记》	一、基础与整合	2	7	无文本	—
2007	《骆驼祥子》	二（四）	3	8	A+B 两个文段	332+242
2008	《水浒传》	二（四）	3	8	A+B 两个文段	60+564
2009	《童年》	二（四）	2	8	一个文段	565
2010	《西游记》	二（四）	2	8	一个文段	751
2011	《鲁滨逊漂流记》	二（四）	2	8	一个文段	536
2012	《水浒传》	二（四）	2	10	A+B 两个文段	294+197

（续表）

年份 / 年	考查篇目	试题位置	题量 / 题	分值 / 分	文本形式	阅读字数 / 字
2013	《汤姆·索亚历险记》	二（四）	2	8	A+B 两个文段	148+313
2014	《西游记》	附加题	3	10	一个文段	441
2015	《童年》	附加题	3	10	A+B 两个文段	167+365
2016	《朝花夕拾》	附加题	3	10	一个文段	539
2017	《假如给我三天光明》	附加题	2	10	一个文段	532
2018	《水浒传》	附加题	3	10	一个文段	512
2019	《西游记》	附加题	3	10	一个文段	577
2020	《红星照耀中国》	附加题	3	10	A+B 两个文段	126+299
2021	《儒林外史》	附加题	3	10	一个文段	564
2022	《红星照耀中国》《钢铁是怎样炼成的》《海底两万里》	一、积累运用	2	6	无文本	—

由表 18 可知，2000—2002 年未涉及名著阅读考查。2003—2006 年涉及了名著知识考查，2003 和 2004 年在附加题的最后一题出现，但重心都不是在于考查名著知识，如，2003 年的题目：根据要求写一段话。要求：（1）以我国四大古典名著中的人物与情节作为内容，其中人物要涉及 3 个或 3 个以上。（2）用上总分（或“分总”）结构和排比手法；如，2004 年的题目：对对联。上联：足智多谋，孔明巧借箭　下联：________，________。

2005 和 2006 年在第一大题基础与整合中出现名著知识考查题目，但所考查的名著比较宽泛或随意。2005 年题目：请你从读过的文学名著中推荐一位令自己感动的英雄人物。人物姓名：________作品名称：《____________》。2006 年题目：班上将开展一次文学名著知识竞赛活动，请你完成第 4 至 5 题，为活动做好准备。4. 假如你是主持人，请你为这次活动准备一段开场白。要求：讲清活动的意义，并至少运用一种修辞手法。5. 假如你是参赛选手，请根据作品补充故事情节。孙悟空三打白骨精；孙悟空________；孙悟空________；孙悟空________。2006 年的名著考查设置了具体的语文实践活动情境，且考查了经典名著《西游记》中关于孙悟空的经典情节。

2003—2006年名著考查的分值在2—7分之间，差距相对较大，4年均是无文本考查。

2007—2021年这15年，名著以阅读的形式进行考查，共考查了10本名著，其中《西游记》和《水浒传》在这15年间各考查了3次，《童年》考查了2次，《骆驼祥子》《鲁滨逊漂流记》《汤姆·索亚历险记》《朝花夕拾》《假如给我三天光明》《红星照耀中国》《儒林外史》各考了1次。2007—2013年，名著阅读设置在第二大题阅读的第四小题的位置，2014—2021年，放在附加题的位置。

2007—2013年每年的名著阅读题量为2—3题，分值在8—10分之间，相对比较稳定。2014—2021年每年的名著阅读题量为2—3题，分值均为10分，相对固定。

关于阅读文本形式，2003—2006年是无文本的名著知识考查，2022年名著考查整合在“积累运用”部分，亦是无文本的名著知识考查。不过，2022年与2003—2006年又不一样，考查的人物涉及了3本必读名著。2007—2021年均是有文本阅读，穿插一两个文段考查。

2007—2021年，名著阅读字数一般在420—760字之间。

表19 “名著阅读”题型分布一览表

年份 / 年	考查篇目	题型 1（选择题）/ 题	题型 2（填空题）/ 题	题型 3（简答题）/ 题
2000—2002	—	—	—	—
2003	四大名著	—	1	—
2004	《三国演义》	—	1	—
2005	任一名著	—	1	—
2006	《西游记》	—	1	—
2007	《骆驼祥子》	—	1	2
2008	《水浒传》	—	1	2
2009	《童年》	—	—	2
2010	《西游记》	—	—	2
2011	《鲁滨逊漂流记》	—	—	2
2012	《水浒传》	—	—	2
2013	《汤姆·索亚历险记》	—	—	2

（续表）

年份 / 年	考查篇目	题型 1（选择题）/ 题	题型 2（填空题）/ 题	题型 3（简答题）/ 题
2014	《西游记》	—	1	2
2015	《童年》	—	1	2
2016	《朝花夕拾》	—	—	3
2017	《假如给我三天光明》	—	1	1
2018	《水浒传》	—	1	2
2019	《西游记》	—	1	2
2020	《红星照耀中国》	—	1	2
2021	《儒林外史》	1	1	1
2022	《红星照耀中国》《钢铁是怎样炼成的》《海底两万里》	1	—	1

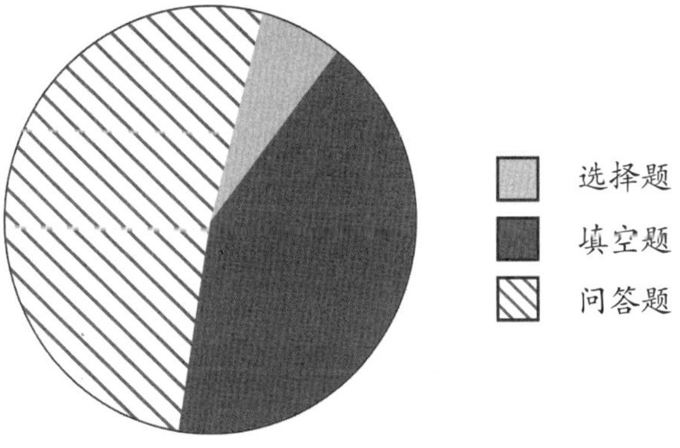

图 2 “名著阅读”题型比例图

由表 19 和图 2 可知，2003—2006 年只是以填空题形式考查名著知识的，未涉及其他题型。2007—2008、2014—2015、2017—2020 年是以填空题和问答题出现的。2009—2013 年均以问答题形式考查。2016 年仅以 3 道问答题考查。2021 年以选择题、填空题、问答题 3 种题型考查。2022 年以选择题和问答题形式考查。由此可见，选择题的形式是近两年才出现的题型，问答题是常考的题型。此外，23 年来名著的题型是灵活多变的，并无固定或是僵化的样式。

表 20　23 套题“名著阅读”命题角度一览表

年份 / 年	考查篇目	命题角度 / 命题指向一（基本常识）	命题角度 / 命题指向二（情节 / 情节勾联）	命题角度 / 命题指向三（人物分析）	命题角度 / 命题指向四（艺术特色）	命题角度 / 命题指向五（阅读体验）	命题角度 / 命题指向六（整合思辨）
2000—2002	—	—	—	—	—	—	—
2003	四大名著	—	1	1	—	—	—
2004	《三国演义》	—	1	1	—	—	—
2005	任一名著	1	—	—	—	—	—
2006	《西游记》	—	1	—	—	—	—
2007	《骆驼祥子》	1	1	—	1	—	—
2008	《水浒传》	1	1	1	—	—	—
2009	《童年》	—	1	1	—	—	—
2010	《西游记》	—	1	—	—	1	—
2011	《鲁滨逊漂流记》	—	1	1	—	—	—
2012	《水浒传》	—	1	1	—	—	—
2013	《汤姆·索亚历险记》	—	1	1	—	—	—
2014	《西游记》	—	1	1	1	—	—
2015	《童年》	—	1	1		1	—
2016	《朝花夕拾》	—	1	1	1	—	—
2017	《假如给我三天光明》	—	1	1	1	—	—
2018	《水浒传》	—	1	1	—	—	1
2019	《西游记》	—	1		1		1
2020	《红星照耀中国》	—	1	1	—	—	1
2021	《儒林外史》	/	1	1	1	—	—
2022	《红星照耀中国》《钢铁是怎样炼成的》《海底两万里》	—	—	1	—	1	—

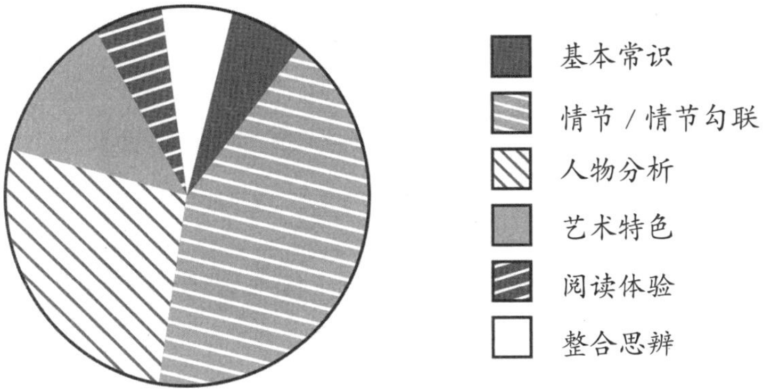

图 3 "名著阅读"命题角度比例图

由表 20 和图 3 可知，"情节 / 情节勾联""人物分析""艺术特色"为高频考点。广东在名著领域的考查，具有开创性、前瞻性与持久性的特点，非常好地体现了新课标的精神"每学年阅读两三部名著，探索个性化的阅读方法，分享阅读感受，开展专题探究，建构整本书的阅读经验。感受经典名著的艺术魅力，丰富自己的精神世界。""增进对中华优秀传统文化、革命文化、社会主义先进文化的认识和理解，逐步形成正确的世界观、人生观、价值观。引导学生综合运用精读、略读、浏览等多种方法阅读整本书，拓宽阅读视野，运用多种方式分享阅读体验和收获，交流研讨阅读中的问题，积累阅读整本书的经验，提升阅读鉴赏能力，丰富精神世界。"

（三）写作

写作是初中语文试卷的重要内容模块。从分值来看，23 年来均为 50 分，占全卷分值的 41.7%。下面将从考查形式、考查材料、考查内容三方面对广东 23 套作文命题情况进行分析。

1. 考查形式和考查材料分析

表 21 写作命题情况一览表

年份 / 年	考查形式	文体要求	考查材料字数 / 字	考查材料来源
2000	全命题	除诗歌外，文体不限	—	—
2001	半命题	除诗歌外，文体不限	—	—
2002	半命题	除诗歌外，文体不限	60	自编材料
2003	半命题	文体不限	—	—

（续表）

年份 / 年	考查形式	文体要求	考查材料字数 / 字	考查材料来源
2004	提供话题，自拟题目	自选文体	117	自编材料
2005	半命题（限词，二选一）	文体不限	—	—
2006	材料作文。题目自拟	文体不限	151	经典诗句
2007	全命题	记叙文	—	—
2008	全命题；或半命题（限词）	记叙文	—	—
2009	半命题	记叙文	—	—
2010	全命题	记叙文	53	自编材料
2011	半命题（限词）	文体自选	—	—
2012	话题、半命题（限词）	文体自选	84	经典诗句
2013	半命题	文体自选	—	—
2014	半命题	文体自选	105	名人故事
2015	半命题	文体自选	73	词条释义
2016	半命题	文体自选	80	自编材料
2017	半命题	文体自选	93	词条释义
2018	全命题（独字）	文体自选	49	自编材料
2019	半命题（限词，二选一）	文体自选	62	词条释义
2020	限制话题	实用类书信体	82	词条释义
2021	题目自拟；统一结尾	文体自选	—	—
2022	题目自拟；统一开头	文体自选（诗歌除外）	—	—

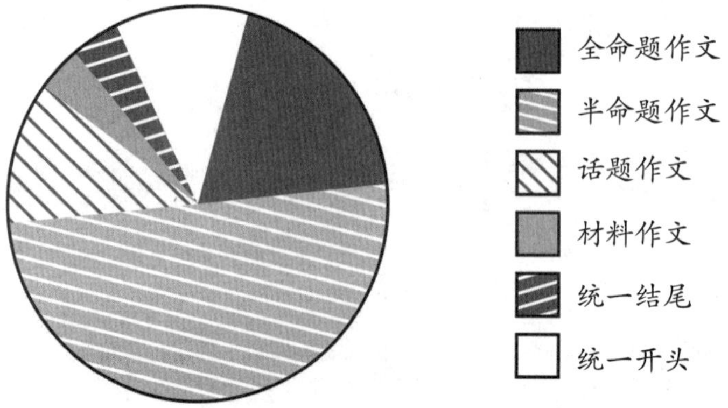

图 4　写作考查形式比例图

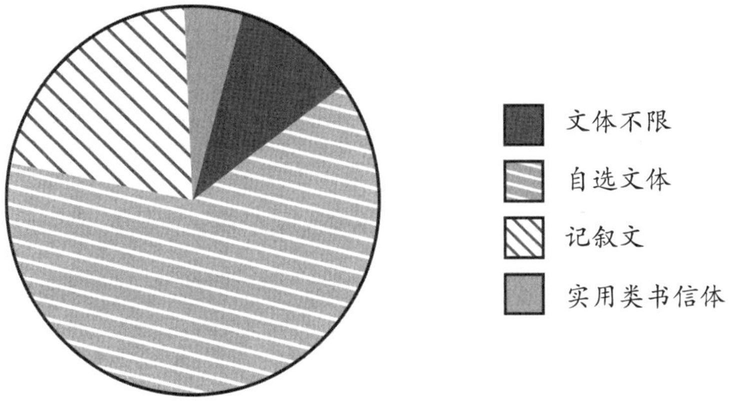

图 5　写作文体要求比例图

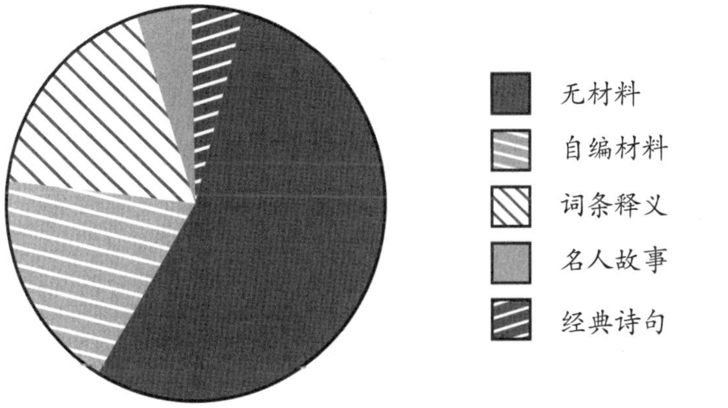

图 6　写作考查材料分析图

就写作能力考查来说，考查材料的数量、规模与考查形式密切相关。由表 21 和图 4、5、6 可知，从考查形式来看，23 年的中考写作命题包括全命题作文、半命题作文、话题作文、材料作文四种主要考查形式。

考查材料的字数在 49—151 字之间。考查材料来源比较广泛，涵盖词条释义、经典诗句、名人故事、课本材料及自编材料等。考查材料源于故事或具体情境，内容指向自然、社会和人生，具有引导学生书写真情实感、发散思维、关注时事热点等特点。考查材料的作用不尽相同，有的意在进一步解释题目内涵、拓宽学生的写作思路，有的则是限定写作范围，有的可能仅是作为引导语，激发学生的写作热情。

2. 考查内容分析

23 年来，广东初中语文学业水平写作内容都非常重视从学生自身角度出发，考查学生的见闻、体验和想法。内容呈现以下特点：

（1）认识自我：关注日常生活，促进认识自我

写作是创造性的表达过程。如何激发学生运用语言文字，自由表达自己对世界、他人和自我的认识，是写作关注的主要内容。写作内容从自我体验和感悟角度出发，要求学生叙写自己生活的题目占比较大，主要从个人成长经历叙写与培养必备品格两个角度考查。

一是叙写“我”的成长经历，抒发“我”的生活感悟。

【示例 1】（2014 · 广东）

女作家桐华说过，青春的可贵在于那颗盈满勇敢和热情的心。勇敢与热情，是她致胜的魔杖！其实，人人都有一柄致胜的魔杖：执着、好奇、自信，抑或是师长的激励、榜样的引领、挫折的磨炼……同学们，什么是你致胜的魔杖呢？

请结合自身的经历与体验，以“__________是我致胜的魔杖”为题写一篇文章。

要求：（1）把题目补充完整；（2）自选文体；（3）不少于 500 字；（4）文中不得出现真实的姓名和校名。

题目明确要求学生结合自己的经历和体验，题目中的“致胜”意指“达到、取得胜利”，“魔杖”意同法宝，致胜因素包括或主观或客观上对取得胜利的有利因素，“致胜的魔杖”泛指成功之途、进步之径、生活之诀、生存之道等，学习上、成长中、生命里有了它，人就如同身赋魔力，产生了让自己走向成功力量！本次作文可写的内容和题材范围相对宽泛，提示语也让考生有大量现成的题目可借鉴或模仿，如“执着（好奇、自信）是我致胜的魔杖”“老师的激励（榜样的引领、挫折的磨炼）是我致胜的魔杖”。提示语中的省略号暗示学生还可另辟蹊径，只要能写出在学习上、成长中、与人交往上、生活小事里，或因人因事，或因物因景，获得了之前所没有（不够丰厚的）的成绩进步、精神愉悦、思想升华、人生感悟，学习得以完善，心灵得以美容，生活变得更美好，人生变得更多姿。

二是坚持育人导向，培养优秀品质。

【示例 2】（2020 · 广东）

自律，就是自我约束。自律的人，可以享受更多的乐趣，拥有更大的自由，得到意外的收获；理性网游，生活会更充实多彩；节制饮食，身体会更轻盈敏捷；管控情绪，内心会更从容平和……

请以“给 ××× 的一封信”为题目，以“自律的乐趣”为内容，给老师、亲友、同学……写一封信，可以讲述自己的经历，也可以阐述观点、畅谈感悟。

要求：（1）明确收信人 ×××，将题目“给 ××× 的一封信”补充完整；（2）统一以“小华”为写信人，不得泄露考生个人及学校的相关信息；（3）不少于500字。

这类不仅回归到生活实际，并且也回归到语文的核心素养，目的是要用“自律”教育，达成“立德树人”这一社会责任，从而促进学生的自我教育、自我成长。题目注重考查学生对生活的观察，也注重提升学生的思辨能力，让学生在种种经历中挖掘生活的本质、收获成长。文章应该体现正确健康的人生观、价值观和世界观。就像新课程标准所言：写作是运用语言文字进行表达和交流的重要方式，是认识世界、认识自我、创造性表述的过程。

三是重视课堂习得向自我经验的迁移。

纵观23套作文题目可以发现，语文课程学习经验的实践性转化一直是命题者关注的问题。具体来说，此类题目以教材篇目或经典诗文选段作为考查材料，旨在引导学生反思与运用语文学习过程的“所学”与“所得”指导自己的日常生活。

【示例3】（2006·广东）

许多诗句会像阳光一样照亮我们的心灵，让我们为之感动，为之震撼，为之鼓舞，如屈原的“路漫漫其修远兮，吾将上下而求索”，王勃的“海内存知己，天涯若比邻”，陆游的“山重水复疑无路，柳暗花明又一村”，艾青的“为什么我的眼里常含泪水？因为我对这土地爱得深沉……”普希金的“假如生活欺骗了你，不要悲伤，不要心急”……

请你自拟题目，或叙述与诗句有关的经历，或谈谈自己从中获得的启迪，写一篇500字以上的文章。文中不要出现真实的校名、姓名，否则扣分。

【示例4】（2012·广东）

春天的新绿、故乡的圆月；“采菊东篱下”的悠闲，“天生我材必有用”的洒脱；陌路上的相视一笑，危难时的义无反顾……在生活中，美随处可见，需要我们去发现，去体验，去感悟。最美，是美的升华。它令人刻骨铭心、灵魂震撼，令人心驰神往。

你一定有心中的“最美”，关于“最美”，你一定也有感悟，请自拟一个包含“最美”这个词语的标题，写一篇不少于500字的文章，文体自选，文中不得出现真实姓名和校名。

【示例 5】（2017 · 广东）

“原来”，意思是发现从前不知道的情况。生活百味，青春多彩，“不识庐山真面目，只缘身在此山中。”蓦然回首，原来：凡事蕴理，万物成趣，人间有情；苦难也可成营养，美丽或许有缺憾，我也是一道风景……

请以“原来，__________”为题，写一篇文章。

要求：(1) 把题目补充完整；(2) 自选文体；(3) 不少于 500 字；(4) 文中不得出现真实的姓名和校名。

2006、2012、2017 年这些题目重视考查学生能否将课本中学习到的文化内化成为自己的人生经验，并作为已知经验来指导自己的现实生活。引导学生由知到行，考查学生学以致用的能力。

（2）家国情怀：关注国家和社会发展的热点问题

“借助学校学习与社会实践活动，不断提升自身的社会责任担当意识是教育的重要目标。”

【示例 6】（2002 · 广东）

生活中，值得我们关注的事情有很多，例如：自己的未来，身边的人和事，我们生存的环境，民族的复兴，世界的和平……你关注什么？请以“我关注”为题写一篇文章。

要求：①请把题目补充完整；②除诗歌外，文体不限；③不少于 500 字；④文中不得出现真实的姓名和校名，否则扣分。

（3）关注多元化表达方式

【示例 7】（2021 · 广东）

请以“这才是少年应有的模样”为结尾，写一篇文章。

要求：（1）题目自拟；（2）文体自选；（3）不少于 500 字；（4）文中不得出现真实姓名和校名。

2021 年的作文命题样式极为简练，无导语，无提示。唯一的实质性要求就是以“这才是少年应有的模样”为结尾。

句子有四个关键词：“这”“才”“少年”“模样”。“这”有明确的指代，即前文所述事件或所概括出来的品质。“才”有对比、衬托的意味，即通过变化显现出来，通过思想挣扎有所觉悟，通过对比选择有所领悟等。“才”也蕴含了道德价值的判断和取舍。“少年”限定了叙述对象的身份、年龄特征，也确定了叙述的主角。少年可以是一个个体，也可以是群体，但是对象应该具有年龄的识别度。“模样”可以理解成表层意义的外貌、形象等，可写成外貌与心灵辩证关系的论说文，或年轻人审美的看法等，但“模样”更应该是抽象意义的，如“品质”“精神”“气质”等。

“少年应有的模样”是什么样子的，怎样才是少年该有的模样？追求理想、积极进取、自信乐观、富有爱心、无私奉献、勇于担当、直面苦难、正视挫折、珍惜光阴、勤奋努力、热爱读书、勤俭节约、团结友善……这都可以成为学生发挥的地方，引导学生正面思考生活，注重对考生积极乐观的价值观的引领。

【示例 8】（2022·广东）

请以“我不由得加快了脚步”为开头，写一篇文章。

要求：（1）题目自拟；（2）文体自选（诗歌除外）；（3）不少于 500 字；（4）文中不得出现真实姓名和校名。

2022 年的作文命题承袭 2021 年的简练风格，一样无导语、无提示。但与 2021 年的隐藏的实质性要求不完全一样的是，2022 年，只要求以“我不由得加快了脚步”为开头，开头后的内容，只要逻辑上与此有相关性即可，并没有限定具体内容。

2022 年作文的审读，可以有下面两类情况。

第一类：以“我不由得加快了脚步”这句话为文章开头，“加快脚步”只是文章开端所描写的一个动作情境，仅用于引出下文，与整篇文章的主题思想和主要内容没有刻意的象征寓意和映射关联，考生自拟题目、自定中心作文即可。

写此类文章，需要考虑“我不由得加快了脚步”这句话放在文章开头的必要性、合理性，尤其要考虑该句与后面所接语句和情节内容衔接自然连贯，符合逻辑。若虽然以“我不由得加快了脚步”为开头，但明显属于勉强贴标签，生硬戴帽子，前后语句衔接不自然，内容不合逻辑，则该类文不宜为一、二类文章；若能与下文自然衔接，有机融合，则根据考生所拟题目、所定主题、所选素材及语言表达水平进行评分。

第二类：以“我不由得加快了脚步”这句话为文章开头，同时又有“一语双关”之用意，与文章的话题、内容和中心有一定寓意或喻指关系。

写这类文章，需要对“我不由得加快了脚步”中的四个关键词“我”“不由得”“加快了”“脚步”细致思考审读。

“我”表明文章必须是有“我”之文。“我”可以是文章的主角、亲历者，也可以是见证者、思考者、感悟者等。“不由得”有“忍不住”“不能自制”“情不自禁”之意。“不由得”意味着“我”“加快了脚步”是有原因的：或许是经历了某一事件、目睹了某一情景事物，耳闻了某一语音声响，涌起了某段思念回忆……所见、所闻、所思，此事、此情、此景，使自己受到了触动、鼓舞、激励、唤醒，让自己获得了启示、更新了认识、明白了道理、增强了动力、发生了改变、收获了成长等等。“加快了脚步”，说明在“加快”之前，“我”的脚步可能是犹豫的、怯懦的、不坚定的、畏惧的、忐忑的、缓慢的……在经历、目睹，耳闻某一事件、一种情景、一个声音等后，“我”有所感悟，更有力量、有信心、有方向、有决心。所以，文章应体现一个变化对比的过程，即通过思考有所觉悟，通过对比有所改变，体现对人生历练、道德价值的正确理解和判断。

“我不由得加快了脚步”暗含了一个情境：“我”原本是放慢脚步或只是常速步伐。这个开头势必引人遐想，让读者产生一种强烈的阅读期待。下文应该对“我不由得加快了脚步”的原因进行交代，并且要突出使我产生变化的外部力量——人、事、物、景、言、行等对“我”产生的内心触动。而这种触动，表现了“我”对生活感受和思考。

同学们可以顺着“我不由得加快了脚步”的时间节点继续写接下来发生的事情，也可以采用倒叙的方式展开叙事，可以因为某个人或人物细节、某件事、某个场景、某件物品等让“我”有所感悟和启发，让“我”改变了原来的想法或者态度。追求理想、积极进取、自信乐观、富有爱心、无私奉献、勇于担当、直面苦难、正视挫折、珍惜光阴、勤奋努力、勤俭节约、团结友善、珍惜亲情、学会感恩……当然，文章应注重正面思考生活，表现积极向上的价值观。

广东初中语文作文命题，侧重考查学生正确的思想观念、高尚的道德情操、健康的审美情趣和积极的人生态度；表达自己对自然、社会、人生的感受、体验和思考；关注日常生活，促进学生认识自我、发展必备品格、培养写作关键能力；重视学生在教材、传统文化中的习得转化，促进学生自我迁移运用能力的发展；引导学生关心时政，参与当代文化生活，培养学生社会责任感；关注实用类写作形式，发展学生综合运用语言的能力；引导学生对生活、对社会、对事物做多角度、多层次的思考，表达自己的见解。

综上，从分析的广东23年试题来看，每年虽然都有一些调整与变化，但均体现以下特征：

一是思想性。坚持立德树人导向，着眼于核心素养培养，聚焦时代发展，传承中华优秀传统文化。

二是科学性。精准体现三版课标（2001版、2011版、2022版）精神，精确落实全面深化课程改革的总体要求；注重考查语文基础，同时关注知识的迁移、运用，以及学科思维能力、在真实情境中解决问题的能力，综合考查学生的语文核心素养。“试题命制既要注重考查基础知识、基本技能，还要注重考查思维过程、创新意识和分析问题、解决问题的能力。”

三是引领性。试题有利于今后进一步巩固提高“双减”工作水平，促进基础教育高质量发展；有助于引导初中语文教学实施素质教育，发展学生思维，培养创新精神和实践能力。

“牢固树立科学的教育发展理念，坚决克服短视行为、功利化倾向。”在一个相对较长的时间维度里，分析试题的变与不变，可以让我们更理性、科学地面对初中语文学业水平考试，“重点关注学生在真实情境中发现问题、分析问题和解决问题的能力；要有利于引导教师积极探索基于情境创设、问题解决、批判性和创造性思维发展的教学方式，有利于引导学校利用考试结果推进语文课程建设与教学改革。”

第 14 节

以文化人　守正创新

——2020 年全国各地中考文言文试题研究

2020 年的中考，是《中共中央　国务院关于深化教育教学改革全面提高义务教育质量的意见》及《教育部关于加强初中学业水平考试命题工作的意见》颁布后，第一次取消考试大纲 / 考试说明的考试。通过分析 2020 年的文言文命题情况，窥斑见豹，可以探讨 2020 年的文言试题是否更有利于推进初中浅易文言文教学改革，是否对初中文言文教学产生积极良好的导向作用，是否更好地促进学生主动学习文言文，在立德树人、巩固积累等方面做了示范引领。

为此，笔者针对收集的 2020 年全国各地中考试卷 87 份（每份试题均有考查文言文）中的 140 篇课内外文言文（61 篇 / 次课内 +79 篇课外），进行统计分析。拟从课内文言文选篇、组题呈现方式、考查出处、文言字词等角度进行统计，并在此基础上展开分析，试图探索中考文言文试题特点，从评价角度为文言文的教学提供依据和参考。

一、课内文言文考查情况

现行统编初中语文教材加大了文言文的比重，注重对优秀传统文化的传承与学习，格外强调引导学生理解文言文中的思想精髓，提高对中华传统文化的认同感和自豪感。从教材角度来看，文言文的重要性毋庸置疑。对此，笔者对课内文言文考查情况进行了统计，详见表 1。

表 1　2020 年各地中考课内文言文考查统计表

（29 篇 /61 次）

序号	课内篇目	出现次数	试卷来源
1	《醉翁亭记》★	6	黑龙江绥化、湖南株洲、吉林、山西、新疆、浙江宁波
2	《小石潭记》★	4	海南、黑龙江齐齐哈尔、山东泰安、四川泸州
3	《富贵不能淫》★	4	广东、河南、山东滨州、内蒙古通辽
4	《周亚夫军细柳》	4	广州、四川内江、湖北荆州、青海
5	《桃花源记》★	3	贵州遵义、黑龙江龙东、四川广安
6	《岳阳楼记》★	3	甘肃威武、四川南充、天津
7	《出师表》★	3	贵州黔南、湖北黄冈、辽宁营口
8	《虽有嘉肴》★	3	辽宁辽阳、深圳、四川凉山
9	《曹刿论战》★	3	北京、重庆 A 卷、湖北鄂州
10—17	**（出现 2 次）** 《马说》★（湖北荆门、四川成都）、《陋室铭》★（黑龙江哈尔滨、辽宁沈阳）、《爱莲说》★（安徽、吉林长春）、《三峡》★（辽宁铁岭、重庆 B 卷）、《河中石兽》★（新疆阿克苏、宁夏）、《记承天寺夜游》★（山东聊城、云南）、《孙权劝学》（湖南衡阳、四川甘孜）、《诫子书》（湖北孝感、四川凉山）		
18—29	**（出现 1 次）** 《答谢中书书》★（海南）、《论语》★（内蒙古包头）、《湖心亭看雪》★（山东德州）、《送东阳马生序》★（甘肃天水）、《生于忧患 死于安乐》★（湖南常德）、《邹忌讽齐王纳谏》★（四川自贡）、《北冥有鱼》★（四川成都）、《陈涉世家》（山东临沂）、《公输》（上海）、《唐雎不辱使命》（四川达州）、《大道之行也》（湖南湘西）、《愚公移山》（山东菏泽）		

表 1 说明：带 * 的为《义务教育语文课程标准》（2011 年版）中优秀诗文背诵推荐篇目。

由表 1 可以看出，在选用的 29 篇课内文言文中，21 篇为课标推荐、课内篇目；8 篇为课内篇目（非课标推荐）。其中《诫子书》《周亚夫军细柳》为统编教材新增篇目，《醉翁亭记》出现频率最高，共有 6 个地区同时选用；《小石潭记》等部分篇目出现频率比较高。出现频率较高的篇目基本是课标推荐、课内篇目。

从表 1 可以看出，课内选文篇目散落分布于各册教材中，课标推荐且又是统编教材课内的篇目，深受命题者青睐。教材是教学的重要凭借，评价是教学的重要依据，在日常教学中，我们不可偏废于何种体裁、何种主题、何种类型，不宜置课内篇目于不顾，教学要把握试题命制特点，更加注重夯实课内文言文，“重点考查学生的综合素质和应用能力，以及综合运用所学语文知识分析问题和解决问题的能力”。

二、文本考查呈现方式

文本考查的组合方式对教学有重要启示。笔者对2020年中考文言文文本考查的呈现方式进行了统计，详见表2。

表2　2020年各地中考文言文文本考查呈现方式统计表

呈现方式	选文	试卷来源
课内单篇	爱莲说、周亚夫军细柳、曹刿论战等22篇次	北京、广东、广州等22地
课内两篇	答谢中书书＋小石潭记、北冥有鱼＋马说、虽有嘉肴＋诫子书等3组	海南、四川成都、四川凉山等3地
课内、外各一篇	岳阳楼记＋《重修岳阳楼记》节选、出师表＋《隆中对》节选等29组	上海、深圳、河南等29地
课内古诗文组合	爱莲说＋咏菊、醉翁亭记＋黄鹤楼等2组	安徽、山西等2地
课内外古诗文联读	周亚夫军细柳＋文帝遣冯唐＋江城子·密州出猎	湖北荆州

从表2可以看出，选文的呈现组合方式主要有五种情况，其中“课内、外各一篇”组合最多，有29个地区选用；其次是“课内单篇”考查，有22个地区选用；湖北荆州考查方式为古诗文联读，比较新颖有特色。

从表2中“课内、外各一篇”等非单篇的组合方式来看，在同一份试卷中出现的阅读材料，有着某方面的关联：要么主题相近，如辽宁辽阳两则材料都是劝学之作；要么体裁相关，如浙江宁波两则材料都是写景抒情文；要么出处相同，如内蒙古包头，阅读材料均选自《论语》。

三、文本出处分析

笔者按照所选阅读材料的时代、数量、范围、出处等归类，具体呈现2020年各地中考文言文阅读材料的来源，详见表3。

表3　2020年各地中考文言文考查出处情况统计表

时代（篇数）	出处
春秋战国（13）	孟子、左传、墨子、论语、庄子、列子
汉（26）	礼记、说苑 / 晏子春秋 / 战国策、史记、汉书、西京杂记、韩诗外传
魏晋（11）	诸葛亮集 / 艺文类聚、三国志、陶渊明集 / 搜神后记、祖氏志怪
南北朝（9）	后汉书、水经注、世说新语、全梁书、颜氏家训、魏书
唐（11）	柳河东集、昌黎先生集、刘禹锡集、白居易集·草堂记、隋书
五代十国（3）	旧唐书、玉堂闲话
宋（34）	欧阳文忠公文集、苏东坡文集 / 独醒杂志 / 东坡志林 / 东坡续集、资治通鉴、渭南文集 / 老学庵笔记 / 跋岑嘉州诗集、范文正公集、周元公集、答宋殿直书、新唐书、容斋随笔、梦溪笔谈、避暑录话、义田记、栾城集、太平广记
元（5）	宋史·陆九龄传 / 宋史·欧阳修传 / 辽史·列传第二十三、唐才子传
明（12）	宋学士全集、陶庵梦忆、西湖记述、岩幽栖事、五杂俎、豫让论、郁离子、祁彪佳集、雪涛小说、石田先生文钞
清（14）	聊斋志异、阅微草堂笔记、春酒堂诗文集、龚自珍全集、巢林笔谈、乙亥北行日记、随园记、明史·郑和传、闲情偶寄、蕉林书屋图小序

从表3阅读材料的时代分布来看，文言文阅读考查材料的时代分布比较广泛，几乎每一个时代都涉及，不过相对比较集中在两汉与两宋。

从表3阅读材料的出处来看，出自《史记》（10篇）、《论语》（8则）、《孟子》《礼记》（5篇）、《资治通鉴》（4篇）、《左传》、《战国策》（3篇）、《墨子》、《汉书》、《后汉书》、《旧唐书》、《宋史》（2篇）……有28篇阅读材料出自史书，有20篇出自诸子百家作品集，这个数据说明不少地区倾向于从史书和子集中选择适宜的阅读材料。

此外，有的选自《郁离子》《雪涛小说》等寓言故事集，还有的选择《世说新语》《容斋随笔》《太平广记》《阅微草堂笔记》等文集中的浅易文言文作为阅读材料，增强了阅读的趣味性，有效降低了难度。

从阅读材料的具体内容来看，在这些选文中，涉及了写人记事、写景抒情、说理议论等多个方面。其中，有34篇涉及写人记事，占比最大；有13篇属于写景抒情散文；说理议论篇也有不少篇目。

这些经典选篇，基本凸显了中华优秀传统文化“为天地立心，为生民立命，为往圣继绝学，为万世开太平”的思想精髓，贯彻落实了“学习中国古代优秀作品，体会其中蕴含的中华民族精神，为形成一定的传统文化底蕴奠定基础”的要求，充分体现了“选文注重经典性、语文性、适用性、多样化，强调文质兼美，尤其重视中华优秀传统文化的理解和传承”的理念。

四、文言字词考查

文言字词是初中文言文的最基本单位，是理解文言文的基础，对文言文的阅读和理解首先得从文言字词入手。笔者结合本人研究规划的 90 个常用实词（详见本书第 1 节），对 2020 年文言字词进行了分类统计，详见表 4。

表 4　2020 年各地中考文言字词考查情况统计表

类别	频次	2020 考查字词		规划词占该频次比
		规划常用实词考查	（非规划）其他词考查	
实词（单）	4 次	志、过、顾、名、居	劳、被；已（实虚兼具）	62.5%
	3 次	谓、食、若、闻、去、是、见、属、及	策、淫、狱、军、念、将、西	56.3%
	2 次	信、诚、悉、假、乐、益、复、意、发、道、易、间、得、固、绝、素、数、奇	师、腰、微、循、芳、阙、怪、暝、洌、秀、旨、广、尝、斗、蛇、持、会、卒	50%
	1 次	谢、书、乘、相、从、道、负、故、少、善、胜、说、亡、许、自、朝、即、临、期、使、异、足、作	独、妖、宜、初、汤、制、具、屈、恃、杖、津、缘、甚、尔、冠、由、鸿、形、要、邃、秋、凄、常、绳、病、能、遏、受、市、色、回、陈、途、翳、笃、开、困、王、怒、治、待、尝、反、远、强、布、实、适、窃、晖、倾、偕、阅、啮、盖、饱、福、靡、襄、溯、奔、比、修、亲、篡、濯、枝、面、俱、正、光、惠、苦、竟、徐、纳、勒、伤、宣、耻、嗜、予、暮、城、蹑、出、偻、伐、称、寐、衣、日、至、暴、赖、示、爵、凡、济、活、值、语、委、怯、克、白、恨、涕、然、舟、承、植、伺、究、兴	16.7%

（续表）

类别	频次	2020 考查字词		规划词占该频次比
		规划常用实词考查	（非规划）其他词考查	
实词（双）	1 次	几何、以为、良实、妻子、阡陌、驱驰、交辉、四时、翠蔓、淑均、痛恨、沆砀、欣然、垂髫、伛偻、称谢、乖违		
主要虚词	—	之、以（18）；于、其（9）；而、乃（7）；为（5）；因（4）；与（2）；且、则、也、耳（1）		

表 4 说明：（1）本统计主要分析单音节字词；（2）“规划常用实词考查”栏，是指 2020 年考查的、笔者规划的 90 个常用实词中的词语；（3）“规划词占该频次比”栏，是指该考查到的常用实词占该频次总词数比。

从表 4 的单音节字词占比来看，频次在两次以上的考查实词中，规划的常用实词在所在频次中，超过 50%，这说明：一是规划的常用实词能经得起实战考验，信度较好；二是在教学中，可以依据规划的常用实词来展开教学，甚至说，需要把常用实词当作教学重点；三是非规划考查的词有的有待商榷。

五、研究发现与教学建议

2020 年各地文言文命题着力于把优秀传统文化和时代精神融入其中。积极落实课标要求，落实立德树人，通过聚焦语文学科核心与关键能力，探索文言文命题的内容与形式的创新，助推教学改革，促进学生全面提高。

（一）以文化人，突出优秀传统文化的传承与熏陶

文言文试题以古代优秀作品为载体，对初中生的思想情感的熏陶感染具有天然优势。2020 年中考文言文试题在这方面进行了有益尝试和探索，对今后的文言文教学颇有启发：

（1）选文以课标推荐经典篇目为主，兼顾统编教材有、课标没有的篇目。这充分说明，在日常教学中，要依标循本，认真研究教材与课标、试题的联系，注重教材对文言知识体系的梳理、积累与运用。

（2）选文出处虽然分布比较广泛，但各地选文仍相对比较集中在文化璀璨、大师辈出的时代，尤其要注重两宋时期的优秀文化。

（3）从文言字词考查来看，高频词与笔者梳理规划的 90 个常用实词吻合程度较高，

既证明了 90 个文言实词的科学性与适切性，也说明了 90 个常用实词在教学中的重要性和精准性。唯有加强教学的针对性，方能提升教学的有效性。

（4）从能力层级与核心素养来看，在注重考查初中文言知识的基础性和应用性的同时，多了一些与现代生活的关联，多了一些文化味，体现出一定的实践能力、创新精神和宽阔的文言视野的方向，如此有助于逐步形成正确的核心价值观。

（二）群文阅读，浅易文言文教学与评价研究的新突破

从 2020 年文言文试题来看，文言文阅读选文以“课内、外各一篇”组合搭配为主，体现统编教材“1+X”群文阅读的理念。笔者结合 2020 年文言文本组合方式，探索分析得出以下几种情况：

第一，作家关联式。所选之组合的阅读材料，为作者本人的相关风格、内容的文言文或是相同出处的文言文。如云南，两则材料都是苏轼的作品，表现的均是苏轼的乐观豁达；如辽宁铁岭，两则材料均节选自《水经注》。

第二，主题延伸式。所选之组合的阅读材料，为不同作者、同课文主题（相近主题）的文言文。如甘肃武威卷，两则材料都与重修岳阳楼有关；如安徽卷，两则材料都是赞颂如莲一样的高洁品格。

第三，写作表达式。所选之课外阅读材料，与课文文气、章法、写法等表达角度相关。如浙江宁波、四川泸州、四川南充等地，所选的两则材料均是写景抒情文。

在实际的教学中，还可以在人物（人物拓展式：课内主人公其他轶事的文言文）和溯源（溯源影响式：依课文溯源的和受课文影响的文言文）等方面展开深入研究。

（三）加强研究，文言文命制的整体水平有待提升

考试命题要“积极探索基于情境、问题导向、深度思维、高度参与的教育教学模式，引导学生自主、合作、探究学习”。但在文言文板块，有些地区的整体命题质量有待提升，整体导向有待完善，整体规范有待加强。

第一，从考查的选文来看，不少地区标准飘忽，难易度把握不够。

一是篇幅上把握不到位。某地整体部分（含注释）达 850 字（注释竟然 250 余字），某地 760 余字；字数超过 500 的为数也不少。与之相反，少于 100 字的也有 21 份试题（占统计总数的 15%），字数最少的只有 26 字。笔者认为，初中浅易文言文适宜的字数在 150—300 字。

二是表达方式上，不以叙述为主要表达方式的文本偏多。过多的议论等表达，人为地增加了阅读难度。笔者认为，选文宜以写人记事类为主，方式以叙述为主。

三是在文本的文化因素层面，专业术语和文化典故偏多，增加了学生的阅读障碍。在教学中，宜紧扣课标主张的“浅易”二字，更易传承与普及优秀传统文化精神。

“诵读古代诗词，阅读浅易文言文”，对于今后的文言文教学，需要我们从学理上精准把握浅易文言文的特点，更精确地开展有效的文言文教学与评价。

第二，从题型、结构来看，不少地区题型陈旧、老套，创新度不够。

试题在落实“减少机械记忆试题和客观性试题比例，提高探究性、开放性、综合性试题比例”方面做得不够，创新性缺失。

如某地“【甲】文写出陋室外部环境的句子是 A________，【乙】文写出草堂选址原因的句子是 B________”。又如某地“《爱莲说》中，菊是________的象征;《咏菊》中，菊有________的特点。（用原文词语填空）”。这些题目大量充斥在 2020 年的试题中，基本上还是停留在考查机械记忆、考查“识记”这一低阶思维能力上，在创新性与思辨性思维方式方面力度不够。

第三，从考查的内容来看，不少地区试题语文性不足，精准度不够。

有些地区的文言试题，机械理解“开放性、综合性”，片面解读“生活化、情境化”，未能紧扣语文课程综合性、实践性的特点，致使语文素养与能力体现不足，没有体现“充分考虑城乡学生学习和生活实际，增强情境创设的真实性、典型性和适切性，提高试题情境设计水平”。

如某地“与当年作者的学习条件相比，今天的你有哪些优越的地方？说说现代中学生应树立怎样的苦乐观”。此类题目，乍看上去联系现实，仔细一分析，毫无文言元素与特质，更遑论立足语文学科核心知识与素养了。

第四，从考查字词来看，不少地区对文言文最核心的内容认识不清，专业度不够。

“能借助工具书阅读浅易文言文。”“能借助注释和工具书理解基本内容。”虚词由于其自身特质，于初中生而言难度较大，也不符合课标精神。因而，初中文言文教学评的落点，应是也必定是文言实词。学生只有突破了实词，方能更易把握文章大意。

但从不少地区的字词考查来看看，一是虚实词考查分类模糊、不清晰，二是字词考查的价值不够明显，三是考查方向不科学。

如 1：“解释加点词（1）持汤沃灌；（2）同舍生皆被绮绣；（3）腰白玉之环；

（4）弗之怠”。

在这里，既有实词的解释，又有虚词的解释，分类混乱；“汤”的义项单一，其考查价值不大；“腰”考查的方向是“词类活用”，不是“一词多义”，不太符合“解释词语”之初衷。

如 2：下列加点词的意义和用法相同的一项是（　　）

A. 乃重修岳阳楼 / 乃不知有汉，无论魏晋　B. 迁客骚人，多会于此 / 尝射于家圃

C. 及大有倾塌之势 / 已而之细柳军　D. 为之驳岸以御水 / 去以六月息者也

在这里，一来，虚词本身用法较复杂，并不是初中学习的重点与重心；二来，虚词没有实际意义，不能独立充当句子成分，其侧重在“用法”，中考像高考那样考查“意义”，不够严谨与科学。

更有甚者，如 3：下列加点字注音正确的一项是（　　）

A. 晓雾将歇（hé）　B. 沉鳞竞跃（yào）　C. 参差披拂（cī）　D. 佁然不动（tái）

在文言文的考查中考查注音，考点何在？依据何在？专业性何在？意义与价值几何？如此种种，值得我们深思。

中华文化博大精深，润泽后世，优秀的传统文化是化人之本。2020 年中考试题精选优秀文言文，让学生感受中华传统文化的厚重。“初中阶段，以增强学生对中华优秀传统文化的理解力为重点，提高对中华优秀传统文化的认同度……阅读浅易文言文，注重积累、感悟和运用，提高欣赏品位。”本研究仅呈现收集到的、全国各地共 87 份中考试题中的文言文考查情况，只是从一个特定视角客观反映文言文考查状况，试图使大家客观认识初中文言文的评价特点与趋势，探究评价与教学的内在关系，更好地推动初中文言文课程与教学的发展。

（原文题目为《以文化人　守正创新——2020 年全国各地中考文言文试题研究》，发表于 2020 年 10 月《语文教学通讯》，人大复印资料《初中语文教与学》于 2021 年 3 月全文转载，结集成书时题目与内容略有删改。）

第 15 节

学以致用，知行合一

——初中非连续性文本阅读分析及教学建议

2021 年广东中考出现了由四则材料组成的非连续性文本阅读，取代了传统的、连续性的单篇议论文或说明文阅读。顾之川先生也曾指出：“阅读题中的‘非连续性文本’肯定会成为‘新宠’，而且分值不低。”《义务教育语文课程标准（2022 版）》提出学生应“阅读由多种材料组合、较为复杂的非连续性文本”。《普通高中语文课程标准（2017 年版）》也提出：“……也可选择新闻传媒类的，如新闻、通讯、调查、访谈、述评、主持、电视演讲与讨论，网络新文体（包括比较复杂的非连续性文本）……”

细观初中语文统编教材课文，均无非连续性文本，仅在综合性学习活动中有所呈现。非连续性文本（以下简称“非连文本”）虽出现于教材和中考试题中，但还没有独立的体系。那么，非连文本有何特点？其阅读教学该如何开展呢？笔者从教材和以 2021 年中考为主的非连文本试题中进行分析，试图梳理其特点，探讨针对性策略。

一、统编教材非连文本情况分析

“非连续性文本的课程内容开发不是凭空杜撰的‘策略和技能’，只有紧密关注现实生活所需，才能开发出有价值的课程内容。”初中语文统编教材非连文本情况，详见表 1。

表 1 统编教材综合性学习统计

年段	专题	活动方式	材料组合方式	能力培养目标
七上	少年正是读书时	读书问题讨论会	图表＋调查问卷＋（不同）作家的文字	非连文本阅读能力；倾听能力；比较分析能力；内省力
七下	孝亲敬老，从我做起	孝亲敬老月	活动计划＋海报＋文字＋漫画	非连文本阅读能力；组织策划能力；实用文写作能力
八上	身边的文化遗产	文化遗产推荐与评选	文字＋资料卡片＋统计图＋文字＋图标	非连文本阅读能力；组织策划能力；协调实施能力；实用文写作能力
八下	倡导低碳生活	宣传低碳生活	文字＋图片	非连文本阅读能力；比较分析能力；实用文写作能力
九上	走进小说天地	小说故事会	文字＋图片	非连文本阅读能力；整理归纳能力；组织策划能力；协调实施能力
九下	岁月如歌——我们的初中生活	编写班史	纲要式文字＋短文	非连文本阅读能力；整理归纳能力；实用文写作能力

从表 1 可知，统编教材非连文本阅读注重引导学生领会文本的意思，学生从中获取并筛选关键信息，得出有意义的结论，以培养学生分析问题、解决问题的能力。特点如下：

一是文本主题生活化。材料以“传统文化、环保低碳、初中生活”等为主题，大体与学生的生活息息相关，贴近学生的生活实际，充分体现语文的外延与生活的外延相等的精神。

二是材料组合多样化。有问卷调查、活动计划、海报等，材料的呈现除文字外，还包括表格、图标、漫画、折线图与柱状图等，集美术、数学等学科知识于一体，体现跨学科学习精神。

三是情境创设真实化。通过创设学生在校内外的具体社会活动情境，强调在具体的生活场域中完成语文实践活动任务，巧妙融合听说读写训练，着眼于提升学生的语文核心素养。

四是能力训练系统化。在完成非连文本阅读综合实践任务的过程中，可以系统训练学生的倾听、交流、组织策划和协调实施的能力，比较分析、整理归纳的能力，实用文写作等综合能力。如此，有利于培养学生系统解决实际问题的能力。

二、中考非连文本阅读试题分析

“非连续性文本阅读的考查顺应了时代对于人的发展的需求。”近年来，非连文本阅读因其自身的“信息量大”“图文并茂”“趣味性强”等独特魅力而越来越受命题者青睐。为便于研究，自 2017 年起，笔者每年追踪收集全国各地中考试卷（5 年共 599 份），并对其展开分析。

（一）纵向分析——以近五年全国各地和北京试题为例

为更好地研究非连文本在试卷上的占比，笔者把近五年全国各地中考试题进行宏观上的把握，观其大略，以洞察其走势；又以北京近五年试题做了微观上的剖析，见微知著，是为更全面、更系统地领略教育发达区域评价导向。详见表 2、表 3、图 1。

表 2　2017—2021 年全国中考非连文本分析

（599 份）

年份 / 年	收集试卷数 / 张	非连文本篇数 / 篇	占比
2017	109	10	9.2%
2018	123	18	14.6%
2019	125	30	24%
2020	126	36	28.6%
2021	116	68	58.6%

图 1　2017—2021 年全国中考非连文本试卷占比分析（宏观）

从表2、图1可看到，非连文本阅读的考查呈连年递增趋势，这说明其已成为命题者的新宠。

表3　2017—2021年北京中考非连文本分析（微观）

年份/年	主题	材料组合方式	能力培养目标
2017	新能源	图、表＋文段	分析图表的能力
2018	社会大课间	图、表＋文段	提取、概括信息和判断推论能力
2019	扶贫工作	图、表＋文段	对图表的概括能力以及对关键信息的提取概括能力
2020	北京老城保护	图＋文段	信息的提取、提炼和整合能力，对材料主旨的理解能力
2021	智慧城市	图＋文段	提炼概括、对生活的理解能力

从表3的北京近五年非连文本阅读考查可知：

（1）考查方式均是围绕某一主题选择组合材料；

（2）所选内容均与生活紧密相连，体现当下化、地方化、情境化和任务化等特点；

（3）考查目的多是引导学生养成立体、动态和全方位的“语用能力”，而非简单概括、静态或狭隘输入的“语文知识”。

（二）横向分析——以2021年全国各地中考试题为例

“近年来，各地中考语文试卷陆续出现了对非连续性文本的阅读考查，这类试题的材料主要来自报刊、科普读物以及相关的网络资料等，以信息类文本为主，一般通过图文结合或选自不同材料的纯文本阅读材料，考查学生对信息的获取与理解能力。”[6]笔者统计了2021年全国各地116份试题，其中考查非连文本阅读的共有68份，占58.6%。为更具体、更直观地分析这些试题，笔者从材料主题、各主题的数量及占比、材料组合方式等进行比较，详见表4、图2、图3。

表4　2021年全国各地中考非连文本阅读情况统计表

序号	材料主题	试卷来源	数量/篇	占比
1	生活、健康	辽宁（营口、抚顺、丹东、本溪）、贵州（铜仁、黔东南）、重庆（A卷、B卷）、浙江（温州、台州、绍兴、湖州）、四川（宜宾、遂宁、眉山、达州）、江苏（徐州、扬州、连云港）、湖南（郴州、常德、湘潭）、湖北（黄冈、随州）、陕西，山西，甘肃（兰州）等	27	39.7%

（续表）

序号	材料主题	试卷来源	数量/篇	占比
2	科技	四川（广元、乐山、南充、泸州、德阳）、山东（烟台、德州、滨州）、湖南（湘西、张家界）、浙江（杭州、金华）、江西、广东、深圳、安徽、北京等	19	27.9%
3	传统文化	浙江（衢州、丽水、嘉兴），湖南（长沙、邵阳）、广西、福建、四川（成都）、湖北（荆州）、广东（广州）等	10	14.7%
4	科普	浙江（宁波）、江苏（苏州、南京）、湖南（岳阳、怀化）、湖北（黄石）、黑龙江（绥化）、河南、山东（威海）等	9	13.2%
5	自然	海南、内蒙古（包头、赤峰）等	3	4.4%

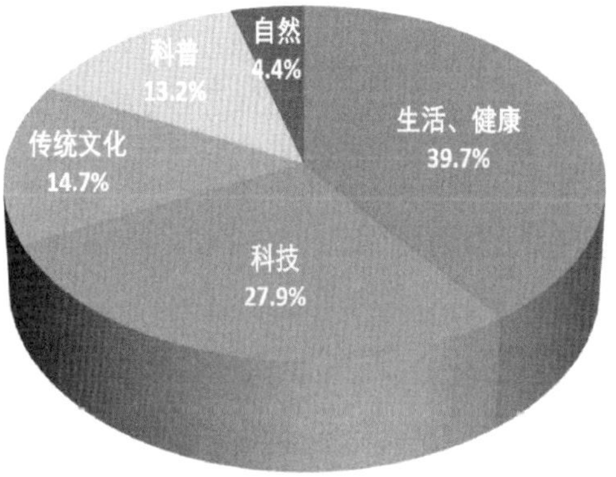

图 2　2021 年全国各地中考非连文本阅读主题

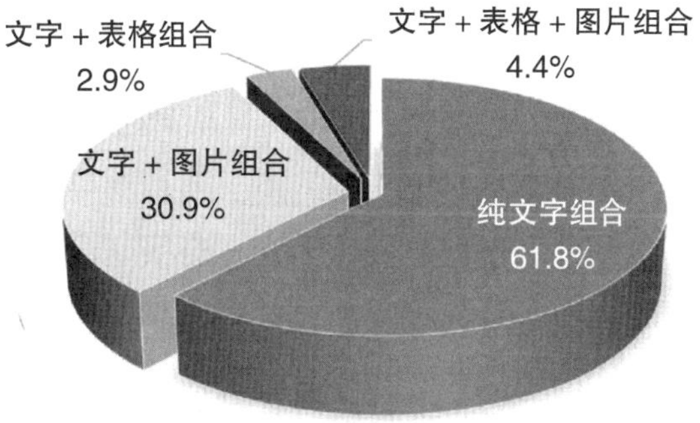

图 3　2021 年全国各地中考非连文本材料组合方式

从表 4 与图 2、图 3 可知，2021 年各地非连文本阅读命题着力于把科学精神和时代精神融入其中，积极落实立德树人。试题通过聚焦语文学科核心素养与关键能力，探索非连文本阅读命题的内容与形式的创新，促进学生语文素养的全面提高。

1. 阅读主题植根于现实生活的土壤

生活处处有语文。从表 4 可知，有关生活、健康等方面的非连文本材料是 2021 年全国中考的热门选材。其中，最受欢迎的是有关教育方面的内容，如青少年心理健康包括抑郁、抗击压力、拖延症等，劳动教育、体育等教育问题，青少年使用手机等生活问题；其次，是有关人口老龄化、乡村振兴等社会生活问题；还有阅读方面的，如纸质阅读与手机阅读的比较问题等。

如重庆 A 卷，用三则关于“拖延症”的材料组合成非连文本；黄冈则选取“学生压力状况统计图”和“袁隆平院士在研究杂交水稻的过程的压力和梦想”两则材料，组成“抗击压力”为主题的非连文本阅读；广东、烟台、滨州等十几个省市均选用与“天问一号”有关的、科技方面的非连文本；温州、怀化、黄石等地是与“注射疫苗”有关的、科普类非连文本；连云港、徐州等是与人口老龄化有关；绍兴、湘潭等是与脱贫、乡村振兴等有关；本溪、台州都是与“体育”有关……

这些材料涉及的话题均来自生活，植根于现实，与时代同步，与中学生生活息息相关。

2. 材料来源权威，组合方式多样

从图 3 来看，2021 年非连文本阅读材料组合方式丰富多样，以“纯文字”组合居多，“文字 + 图片”组合次之，这二者占比超九成。其中，“纯文字”组合一般为三则源自不同国家核心期刊、地方重要报刊的材料，如《人民日报》《光明日报》《羊城晚报》等，还有来自权威网络，如“澎湃新闻”等，内容多为时事要闻或新闻评论等。“文字 + 图片”的组合灵活多样，有报刊或网站评论的截图、示意图、数据统计图等。

如 2021 年南京的“杂志阅读”，以“学校科技社团编辑的杂志其中一个版面”中的两则内容 + 一幅图片组合成非连文本阅读，文段来源于含金量极高的《大国重器》《极简天文课》等。四川德阳，用一幅天问一号降落过程示意图 + 两则文字作为非连文本阅读的材料，两个文段选自《人民日报》，图片来源于“中国航天科技集团五院”和《中国航天报》。浙江嘉兴的文本组合新颖，都是与水文化有关的材料，共三则：材料一是三段与“水”有关的课外文言文，分别出自《宋史·河渠志》《钱塘六井记》《明史·周忱传》；材料二是三段来自与“水”有关的名著，分别选自《红星照耀中国》《西游记》《格列佛游记》；材料三是“文字 + 插图”，文段选自法国克里斯提昂·约里波瓦的绘本《不一样的卡梅拉》中的《我要去看海》。

非连文本阅读材料选自《人民日报》《中国航天报》等权威报刊和《宋史》《明史》《红星照耀中国》《西游记》等经典著作，真实可靠，厚重权威。而别出心裁的材料组合更容易让学生接近真实的阅读环境。学生在解题过程中不仅提升了阅读能力，还开阔了视野。

3. 以生活情境为载体，以任务来驱动阅读

细观 2021 年的非连文本考题不难发现：设置具体的情境，完成相应的任务，考查学生阅读素养是一大趋势。这需要学生在分析非连文本时，要了解特定材料涉及的情境与任务；在理解文本材料的基础之上，基于特定的任务明确自己需要解决的问题。这充分体现了语文学科的实践性，启发教师注重提升学生的阅读素养。

如 2021 年宁波设置了“学校记者社举行新闻采访活动”这样一个校园情境，学生需要在具体情境中，为完成“设计采访问题”任务而仔细阅读四则材料，并分析整合。

4. 值得商榷与改进之处

“在我国语境下，非连续性文本的阅读材料是一个完整的组合，是在承载特定任务或主题的前提下，由各种类型文本构成的连贯而完整的意义系统。”基于此，2021 年的非连文本试题命制也有以下两点商榷：

一是要加强关联性。包括材料与主题、材料与生活、材料与问题、材料与语文之间的关联，要体现语文学科知识与思维方式。部分非连文本材料看似联系当下，设题也看似关注生活与关注语文，但多为不甚相关的材料。

如某地的题目：请联系材料三、四所描述的“科学家精神”和“脱贫攻坚精神”，仿照例句，将句子补充完整。

示例：勇攀高峰、敢为人先的科研英雄，他们淡泊名利、潜心研究，把青春芳华献给祖国建设，用智慧与热血逐梦、筑梦。

__________的扶贫英雄，他们__________，__________，用知识与汗水扶农、富农。

二是要加强情境性。非连文本阅读要设计一定的实践环境，设置合适的情境，激发学生真实的阅读需求，而非仅在“图文转换”表面下功夫。

如某地的题目：如果要进一步发挥红色旅游资源的社会价值，你有哪些建议？请根据材料二和材料三，从硬件、文创、宣传、服务四个角度中任选两个角度简要回答。

三、教学方法与策略建议

巢宗祺先生指出：“非连续性文本教学上的欠缺不只是存在于某一个省，而是具有相当的普遍性。因此，在课程标准修订时，大家认为有必要加强这方面的教学。”

统编教材在综合性学习活动中，巧妙引导学生掌握领会文本、获取并筛选关键信息，得出有意义的结论的方法，扎实培养学生分析问题、解决问题的能力，系统训练学生比较分析、整理归纳的能力等，进而引导学生由课内学习到考试评价，做到学教评一体化，学以致用，知行合一。为此，基于初高中课标，初中统编教材，中考试题的纵向、横向分析等维度，立足当下阅读教学实际，对于非连文本教学，笔者提出如下几点建议：

1. 善用图文组合方式，看图写话，为文配画

在统编教材中，不少阅读课文都配有相应的插图：有的是呈现文本内容，有的是对文本的进一步解释，有的是作为内容延伸等；在中考试题中，如 2021 年浙江温州非连文本阅读的材料一是全国各地接种新冠疫苗的统计图，它考查学生图文转化能力，需要学生认真观图，提取整合信息，简洁准确表述。

为此，教师在阅读教学中，要善于把插图抽取出来进行解析，也可以引导学生为插图配话。对于简单的文本，教师还可以让学生根据自己的理解补充插图。“画中有话”“话里有画”是图文结合材料的特点之一，“看图写话”“为文配画”是图文结合材料的有效教学策略，可以引导学生通过“图文互动”，更好理解并掌握文本内涵。

2. 妙用情境化生活化方式，学以致用，知行合一

PISA 测试反映出，阅读素养是一个人在社会生活中理解、使用、评价、反思文本的能力。在非连文本阅读活动中，鼓励学生尽可能地把所学知识应用到具体的情境与生活之中，达到学以致用，知行合一。统编初中语文教材共有 15 个综合性学习活动，不仅训练学生收集与处理信息的能力，还强化学生的理解分析及实践能力。

如 2021 年南京试题的“杂志阅读：图图和你读到学校科技社团编辑的杂志，被其中一个版面吸引，认真研读起来”，该版面囊括了两文《探测暗物质》《中国暗物质的“捕手”》和一图《探测暗物质的三种路径》；三道试题是：1. 你和图图梳理中国暗物质探测成果。你根据杂志内容填空，完成表格。2. 图图问：“‘悟空’号的探测属于图中哪种探测路径呢？”你给他作了解释。3. 图图认为“悟空”这个名字既有领悟探索太空之意，又有巧借孙悟空“火眼金睛”观测宇宙之妙。你受此启发，给“北京正负电子对撞机”取了一个名字，并告知图图自己取名的巧思。

该试题的设计与七上《少年正是读书时》的综合性学习有异曲同工之妙：主题均与“阅读”有关，材料是“文字 + 图片”组合，考查目的：学会从报刊、书籍以及广播、电视、网络等生活中获取信息；学会通过调查、访问等方式获取信息；学会对获取的信息进行整理、归类；学会与同学交流、共享信息。学生可以巧妙运用七上的《少年正是读书时》综合性学习活动所学的知识和方法解答该试题，体现运用所学知识和方法来解决生活中问题的能力，由“知”到“行”，知行合一。

3. 活用跨学科融合方式，开阔视野，提升素养

“融合听说读写，跨越古今中外，打通语文学科和其他学科、语文学习和学生的生活世界，运用优质的素材和范例，激发学生的学习兴趣和动力，提高语言文字运用能力。”在非连文本教学中，教师可以根据学生的实际和发展的需要，把语文与其他学科知识相互融合、交叉、渗透、整合，以期开阔学生视野，提高学习效率。

以八下《倡导低碳生活》活动为例，该活动包含文字资料、数据资料和图表、图片资料等，涉及数学、物理、化学、生物等学科知识，教师做好“优化与整理”，引导学生在阅读过程中，理解和体会这些非连文本的内容，如“低碳知识”“低碳生活的含义”“低碳节能的重要性”等，开阔了学生的视野，实现跨学科学习。

在试卷中，如2021年内蒙古赤峰的非连文本以“微塑料”为主题，涉及地理、生物、环保等方面的知识，学生系统全面了解了“微塑料”的相关知识。这些均说明，灵活采用跨学科融合的方式来开展非连文本的阅读，可以拓展学生的知识，开阔学生的视野，提升学生的素养。诚如叶圣陶先生所言：“教育的最后目标是使每个分立的课程所发生的影响纠结在一块儿，构成一个有机体似的境界，让学生的身心都沉浸在其中。”

4. 巧用文化链接方式，对接生活，立足传承

语文教学“要继承和弘扬中华优秀文化、革命文化、社会主义先进文化”，非连文本阅读活动亦离不开传统文化的滋润。如八上《身边的文化遗产》综合实践活动，学生认真打开并阅读“身边的文化遗产”这一“生活文化课本”，把现实生活中收集到的名胜古迹图片、故事传说、相关诗文和对联等相互交流展示，与生活链接，更全面、更系统地了解身边的文化遗产，更多维、更立体地阅读非连文本，提升了阅读的广度和深度；又如2021年成都、浙江（衢州、丽水、嘉兴）、湖南长沙、福建、广州等地的“非连文本”皆与传统文化相关。

非连文本阅读教学的根本是获取我们所需要的信息，得出有意义的结论；非连文本阅读教学应重视其实用性特征和实用功能，促进学生语文核心素养的形成，以满足学生未来生活、工作的需要；还应“着眼于每个生命主体在未来生涯中的动态发展和价值达成”，“引导学习者养成立体、动态和全方位的‘语用能力’”。

第 16 节

多元路径的作业设计与实施

——以《西游记》为例

《义务教育语文课程标准（2022 年版）》在“课程目标与内容”中指出“初步具备搜集和处理信息的能力，积极尝试运用新技术和多种媒体学习语文”，并建议教师“积极开发、合理利用课程资源，灵活运用……现代教育技术，努力探索网络环境下新的教学方式”。《普通高中语文课程标准（2017 年版）更是在“教学建议”中专门阐述“探索信息化背景下教与学方式的转变”，提出“创设互动学习环境、借助信息技术优化整合课堂教学、积极探索基于网络的教学改革”等。

目前，教育信息化已经进入 2.0 时代，互联网技术不断发展，数字资源越来越丰富。如何更好地实现信息技术与语文学科教学的深度融合，特别是与名著阅读的指导有机融合呢？

《义务教育语文课程标准（2022 年版）》要求学生 9 年课外阅读总量达到 400 万字以上。单靠学校内的课堂阅读是远远不够的，而只靠学生自己的课外阅读，阅读的质量又是参差不齐的。部编教材每学期 6 部名著阅读，在任务相对较重的情况下，如何做好课外阅读？如何有效开展课内阅读？是否可以依托信息技术，助力初中名著阅读策略的研究？

我以《西游记》的阅读作业设计为例，从假期的平台阅读管理，到平时教学中的纸质阅读管理进行分析，探索初中名著阅读作业设计与实施路径，探索初中语文作业的有效方法。

一、依托信息技术，设计阅读管理程序

依托东莞市开发的“慧阅读”App平台，笔者设计线上和线下融合阅读的管理程序。在初读阶段（主要是假期）设计以自主阅读为主的读书活动，目的是激趣和助解，以利学生完成通读，形成初读体验。笔者在与学生一起阅读《西游记》的过程中，做了一些探索与尝试。课外布置学生浅层次阅读，借助“慧阅读”APP平台，通过线上接单、线下阅读的方式，让学生先完成小说情节、人物等基本内容的掌握。课内开展深层次阅读时，让学生根据专题研究的内容，完成对小说的人物形象、艺术特色、主题等专题的探究，全面深入把握作品。

二、借助平台开展线上与线下的融合阅读

慧阅读平台只提供阅读任务单，没有提供电子书籍，学生在慧阅读平台接了阅读任务单后，需要线下阅读纸质书籍，阅读完相关内容后再到线上完成通关测试任务。任务单设计一般设计为三个任务：任务1和任务2是对阅读内容的确认和回忆，对有关信息加以重述和重组。这些是简单的识记和理解，只要学生阅读了，是很容易完成任务的。这呵护着学生的阅读兴趣和增加着阅读动力。任务3是让学生们初步领会阅读的内容，但不要求深刻地理解，能用自己的话总结或进行简单的推断。

以《西游记》名著分配第七次阅读任务为例：首先，学生们（周末或寒暑假期）在家中，用个人账号打开平台，点击《西游记》阅读，呈现在学生们面前的是如下表所示的阅读任务单，如下：

<table>
<tr><th rowspan="2">阅读次数</th><th colspan="3">《西游记》阅读任务：字数 33 000</th></tr>
<tr><th>版本、章节</th><th>版本页码</th><th>阅读任务</th></tr>
<tr><td>第 9 次</td><td>人民文学版“第 96—100 回”</td><td>P1162—P1219</td><td>1. 列表格：在表格中列出唐僧师徒在第 96—100 回所经过的地点，遇到的人物，发生的事情，拍照上传。
2. 画路线：根据所列表格内容，以“思维导图”的形式绘制第 96—100 回的取经路线图，拍照上传。
3. 分享交流任务：谈谈自己读完这几回的收获，感悟。</td></tr>
</table>

学生们完成这几回的阅读后，可以点击“通关检测”，通关检测题主要以“判断、选择”（15 题选择题，10 题判断题）为主，内容相对简单。

通关测试的题目以《西游记》中的人物、情节、语言等知识记忆为主。如给出名著中的某个人物的特征，由学生选择这个人物是谁；又如可以给出名著中的人物对白，由学生选择话是谁说的、说话对象是谁、为什么而说等。这些通关测试游戏能够激发学生的阅读兴趣、提升学生对于小说的敏感度。

通关测试相对较为简单，答案也是单一的，可以全部是机改。学生根据阅读任务单，在线下完成书本内容的阅读，再在慧阅读平台完成通关测试，测试完立即就有成绩，学生、老师、家长马上就可以清楚这些内容的阅读效果如何。

通过线上测试，学生对《西游记》的故事情节和人物情况有了粗略了解，整体把握了整本书内容。在线上通关测试过程中，学生们完成对小说中的情节和人物基本的简单知识的识记和领会。

为了更好地阅读《西游记》这部名著，可以设计“列表格”和“画路线”等形式的作业帮助学生理清故事情节和人物关系。亦可以设计研讨孙悟空、猪八戒、唐僧等人物形象的作业，初步学会分析和鉴赏小说的人物形象。

三、师生课内深层次共读

（一）深层次阅读的内容的选择

经典名著往往篇幅较长、内容复杂、内涵丰富，但不可能面面俱到，可以依托慧阅读平台，筛选引导学生深层次阅读的内容。首先，可以从课标的角度来确定教学内容。如《西游记》中前后情节的关联可以设计成为“深层精读”的形式，如以下阅读思考作业：

（1）用自己的话说说唐僧师徒四人经过火焰山时经历了什么事情。

（2）孙悟空第一次调芭蕉扇时的情况如何？他的感觉是怎么样的？

（3）孙悟空最后一次调芭蕉扇时的情况如何？他的感觉是怎么样的？

（4）想一想牛魔王假扮猪八戒从孙悟空手里要回了芭蕉扇这个情节，为什么孙悟空的招数被牛魔王用了，同样能骗到孙悟空？

（5）用思维导图把唐僧师徒四人过火焰山的主要事件和人物画出来。

（6）回顾孙悟空与牛魔王一家之前发生过的事情，简单推断孙悟空借芭蕉扇受阻的原因。

其次，学生在浅层次阅读阶段产生的真实问题也可以是确定深层次教学内容的重要参考。通过完成学习任务单和通关测试，学生对《西游记》的内容和人物形象有了初步了解，按照专题的导向，将所学内容直接运用于新的具体情境，仔细研读，重点解剖。

如设计如下阅读思考作业：

更换情境，结合小说内容思考和回答：

（1）如果你去了孙悟空生活的花果山，你会做什么？

（2）想一想如果你也遇到猪八戒遇到的“四圣试禅心”的事件，你会做出与猪八戒相同还是不同的选择？为什么？

（3）想一想生活中还有哪些你认识的人遇到过，或者做过和猪八戒一样的在取经路上遇到困难就说散伙的事？如果他像猪八戒那样做，你会如何与他沟通？

（4）试想孙悟空在你忙着备战考试的时候来到了你的学校，会发生什么事情？

（5）如果你在大街上遇到了孙悟空（或猪八戒），你会和他说什么？

（6）如果唐僧师徒四人一起来了你家，他们分别会做什么？

（7）如果你要给唐僧师徒四人做一顿饭，你做什么给他们吃？

（二）深层次阅读的方法的选择

经典名著阅读教学中的典型策略和方法，其本质特征是以学生的学为中心开展“积极的语言实践活动”。无论是在线上与线下融合的浅层次阅读阶段，还是课内导读的深层次阅读阶段，都是为了将学生导向“真实的阅读”，使学生真读、真思、真有所得。

1. 师生共同设计整合创新的阅读任务

经典名著的阅读过程具有情境性、复杂性、开放性和探究性等特点，有利于开展“整合式学习和深度建构学习”。

如要完整分析书中的某类人，需要梳理书中与这类人相关的事件，重新组织这些内容，建构完整的认识。在通读全书的基础上，学生对这类人的相关内容跳读，标记出与之相关的内容，全面筛选，统整与这类人相关的信息，使之成为一个新的整体。

我以《西游记》中的“孙悟空与紧箍咒”专题学习作业设计为例：

（1）梳理与紧箍咒相关的情节，记录关于紧箍咒的思考

第十四回	心猿归正 六贼无踪	观音授意唐僧为孙悟空戴上紧箍儿 念咒两次
第二十七回	尸魔三戏唐三藏 圣僧恨逐美猴王	三打白骨精 三次念咒
第三十九回	一粒金丹天上得 三年故主世间生	唐僧责令孙悟空救乌鸡国国王，念咒一次 辨真假唐僧，念咒一次
第五十六回	神狂诛草寇 道昧放心猿	打杀强盗念咒一次
第五十七回	真行者落伽山诉苦 假猴王水帘洞誊文	孙悟空无处可去，想求告唐僧，无奈唐僧狠命念紧箍咒
第五十八回	二心搅乱大乾坤 一体难修真寂灭	辨真假孙悟空 念咒一次

思考：三打白骨精这回，孙悟空打的明明是妖怪，唐僧为什么要念咒？紧箍咒对孙悟空到底有什么作用？孙悟空真的需要紧箍咒吗？

（2）阅读孙悟空三次对妖怪的情节并思考问题

情节	思考
第三十三回：外道迷真性　元神助本心	孙悟空怎么对待银角大王？
第四十回：婴儿戏化禅心乱　猿马刀圭木母空	孙悟空怎么对待红孩儿？
第八十回：姹女育阳求配偶　心猿护主识妖邪	孙悟空怎么对待老鼠精？

（3）阅读孙悟空三次遇盗的情节

情节	思考
第十四回：心猿归正　六贼无踪	孙悟空怎么对待？
第五十六回：神狂诛草寇　道昧放心猿	
第九十七回：金酬外护遭魔蛰　圣显幽魂救本原	

以结构化的信息化整理为基础，可以设计鲜活的阅读活动，帮助学生完成信息的深度加工，一步一步推进，让学生在完成阅读作业过程中，不断深入思考“孙悟空与紧箍咒”之间的联系，通过提取信息比较阅读，推理阐释，进一步感知紧箍咒的魔力，体会孙悟空的成长变化。孙悟空真的需要这个紧箍咒，紧箍咒是使孙悟空由幼稚逐渐

走向成熟的一个重要因素。紧箍咒不但没有束缚孙悟空的能力，还让孙悟空懂得更智慧地去解决问题。

2. 读写结合，以写促读的深阅读

课内导读时，通过设计比较完整的任务情境来组织学生开展学习活动，结合前期通关测试游戏，整合小说情节内容，“换视角重构小说的部分情节”等。以《西游记》的“小说主题和视角专题”为例（内容重构）（由读到写）：

（1）换视角重写故事

①从“白骨精”的视角重写“三打白骨精”的故事。

②从“罗刹女”的视角重写“三调白蕉扇”的故事。

（2）给“三打白骨精”或“三调白蕉扇”重写一个结局。

（3）假如你是小说中的唐僧师徒四人中的一人，请写一篇日记记录取经途中一天发生的事情。

（4）如果你代替罗贯中重写第七回中“五行山下定心猿”的故事，需要改变里面的一些内容，你会怎样改变？

四、延伸拓展深层次重读

不同学生的阅读力会有所不同，在经过“纸质＋平台”融合的浅层次阅读、课内深层次导读后，可以设计指向个人阅读经验积累、知识建构的深入探究阅读和拓展阅读，帮助学生在重回自主阅读的过程中深化阅读感悟，建构个性化的阅读方法。

（一）从探究的角度深层次重读

如“孙悟空与紧箍咒”这个专题的学习拓展作业设计：

孙悟空在第二十七回、第五十七回、第五十八回分别向唐僧、观音、如来寻求松箍咒，直到第一百回依然向唐僧问起松箍咒，而此时一直伴随他的紧箍儿却消失了？紧箍咒是什么？为什么消失了？

引导学生深入重读孙悟空实现了由妖到人到佛的转变。他的转变从回目中也能看出来，第五十八回以后唐僧没再念紧箍咒。虽然没再念，但孙悟空一直心存畏惧，所以孙悟空在 第二十七回、第五十七回、第五十八回，他分别向唐僧、观音、如来寻求松箍咒，直到 第一百回依然向唐僧问起松箍咒。

紧箍咒是一种外在的约束，心灵上多了一把自我约束的钥匙，所以消失了。紧箍咒是一种规则，因为无规矩不成方圆，在神界一样有规则。紧箍咒是一个标志，是孙悟空自省的象征。孔子云：从心所欲，不逾矩。

紧箍咒是一种警示，堵住了孙悟空取经的退悔之路。

紧箍咒是一种惩罚的手段，超过一个度要受到必要的惩罚。

紧箍咒象征着磨难，孙悟空战胜自己的心魔，终去掉紧箍儿。

这是学生对紧箍咒内涵的理解。观音告诉唐僧这紧箍咒叫“定心真言”，那么唐僧要用这个“定心真言”来约束孙悟空的哪些心呢？我们看从这些念咒的情节中能否找到答案。唐僧用紧箍咒，用“定心真言”收孙悟空的放纵之心、炫耀之心、不敬师之心、逞能之心、自由之心、不善之心、自私之心等等。所以说紧箍咒是定心是收心，其实还有另外一层含义。

看菩提祖师的山门对联：灵台方寸山，斜月三星洞。这里面藏着一个什么字？斜月像心的一钩，三星像心字的三点。再说灵台方寸山，灵台即心灵，方寸，是一种心境，我们平时总说，方寸之间，乱了方寸。所以灵台方寸山里也蕴含一个心字。这里就是心之山心之洞，是心之所在，原来菩提祖师一直在自己的内心世界修行，也就是修心。那么什么是修心？就是使你的每一个念头都是善的好的，断了贪嗔痴，明白人生无常，从而体悟大道。孙悟空西天取经的过程其实是修心的过程。紧箍咒虽束缚着孙悟空的身，但其实修的是孙悟空的心。紧箍咒这个定心真言，既是定心又是收心，更是修心。

通过这个作业设计，引导学生重读细微情节，深悟作品内核。

（二）从思辨的角度深层次重读

在“孙悟空与紧箍咒”专题学习中，还可以设计这样的作业：

孙悟空成佛了，不知道成佛后的孙悟空会不会感谢那个曾经带给他无数痛苦无数恐惧的紧箍咒。有人说紧箍咒成就了孙悟空，也有人说紧箍咒是孙悟空一生的悲剧。请你结合你的阅读体会，写一篇 200 字的随笔。

这个专题以“紧箍咒”为切入点，设计由浅入深的各种阅读思考作业，学生不仅感知了紧箍咒的魔力，体会了孙悟空的成长变化，还正确认知了现实中自己的紧箍咒。

吴欣歆教授在《培养真正的阅读者——整本书阅读之理论基础》一书中也指出：“混合式学习是解决整本书阅读中教师指导与自主阅读、一般门径与个体经验、内容领域与专业特长这三个方面矛盾的合理选择。它突破了师生面对交流的局限，也突破了家长和教师面对面交流的局限。混合式学习是‘整本书阅读与研讨’的未来选择，是语文教学的未来选择，也是学习方式的未来选择。”

在名著阅读过程中，依托信息技术，借助阅读 APP，通过阅读通关测试这种线上平台的浅易名著作业，在线上和线下融合中学生自主完成对名著的前期整体把握。在线下聚焦专题的阅读探究中，以专题学习为切入口，设计不同层次的作业，引导学生更深入阅读《西游记》整本书。线上与线上交流融合，能够促进学生仔细、反复地阅读文本，深入思考和分析小说中的人物性格特征、事件之间的联系、作者的创作构思等，锻炼学生的逻辑推理能力、创造力、想象力以及写作表达能力。

第 17 节

基于真实情境的作业设计与实施

在教学实践中，教师通常会布置一定量的、相同的作业给学生完成，以期达到相同的目标，而忽视学生的个性发展需求。作业一般设计单调，或者脱离生活实际，不能引起学生兴趣，不能发挥学生的个性。

布置作业是教学过程连环结构中的重要环节，结合学生的心理发展特点及作业的教学功能，探索符合学生认知特点又有实践意义的作业，帮助学生在完成作业的过程中做到认知与实践融会贯通。在作业的设计中，如何才能让完成作业的过程成为学生个人的、主动的、极富个性化的过程呢？

作业设计是备课的有机组成部分，围绕作业的目标、内容、类型等关键要素，科学设计符合新时代育人要求、适合学生实际的作业，促进学生个性发展。结合语文学科的特点，笔者以统编教材八年级口语交际作业设计为例，探索基于真实情境的初中语文作业设计，让学生在真实的日常情境中学会讲述、复述与转述等口语交际能力。

真实情境下的作业设计以课程标准和语文核心素养为核心，精选与重组学科内容，这对教师的教学思维与方式的转变、教学设计与实施能力的提升提出了变革性的挑战。也只有经历这样有深度、高质量的学习过程的学生，才能真正成为学习的主人，成为未来社会的参与者。

“情境认知理论更倾向于真实的日常情境。”“只有在真实情境中进行的学习，才能真正使学生理解和掌握知识并应用知识去解决复杂的问题。”为此，设计口语交际作业的初衷是让学生在家主动与父母交流，巧妙地给学生设计与父母交流的话题，让学生在真实的日常情境中学会讲述、复述与转述等口语交际能力。

一、创设日常情境，架设亲子桥梁

作业是指学校教师依据一定的目的布置给学生并且利用非教学时间完成的学习任务。在此，以八年级上册的口语交际为例，整合阅读、综合性学习、写作等板块的内容，整体的规划，设计基于真实情境的作业。关于口语交际，《义务教育语文课程标准》（2022 版）指出：讲述见闻，内容具体、语言生动。复述转述，完整准确、突出要点。能就适当的话题作即席讲话和有准备的主题演讲，有自己的观点，有一定说服力。

统编教材关于“口语交际”的整体设计体现在：七年级侧重一般能力的培养，不涉及专项训练，八、九年级则开始逐步深入地进行专项训练，对包括讲述、复述、转述等常见的口语交际类别进行分享训练，以提高学生的口语交际表达能力。八年级安排了讲述、复述与转述两个口语交际专题。

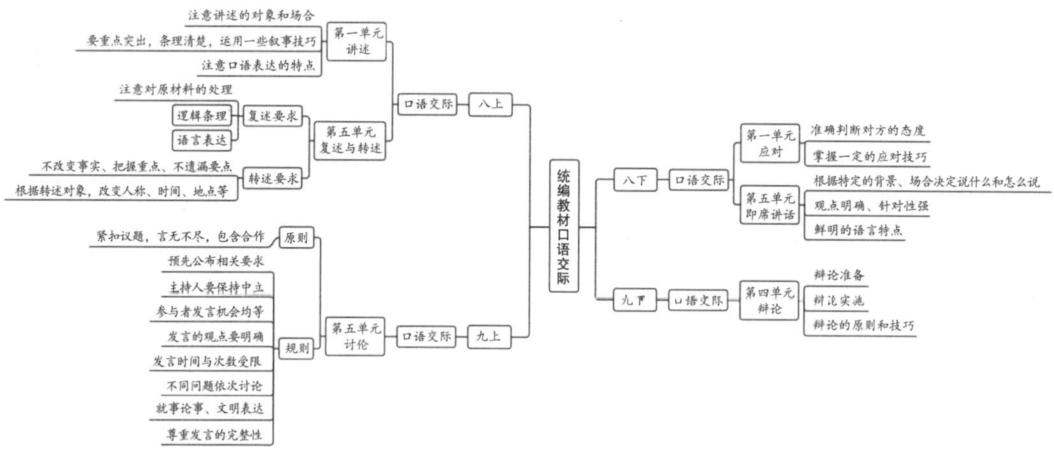

表 1　八年级上册口语交际安排（1）讲述

教材位置	名称	口语指导	口语实践	提供的情境
第一单元	讲述	（1）注意讲述的对象与场合 （2）要重点突出，条理清楚，运用一些叙事技巧 （3）注意口语表达的特点	（1）我经历过这样的一个故事 （2）我有这样一位朋友 （3）我印象最深的一次出游 （4）我喜欢的一位老师（一本书） （5）我最爱听的一首歌 （6）一个美丽的梦	根据提供的话题，讲故事给你的同学听

从表 1 可见，口语交际专题的设计，体例同写作专题，由口语指导和口语实践两部分组成。口语指导，通过介绍一些精要的程序性知识，帮助学生抓住能力训练要点。其中举了很多现实生活的例子，学生可联系自己的生活实际学习体会。口语实践，教

材助学系统每个专题设计若干题目，提供一定的情境，供学生训练。

教师有针对性、有指导性地教学，对学生有切实有效的帮助。但教材提供的讲述学习素材更多适合课堂与学校的环境，而且学习讲述的资源也有限。讲述的训练不是一朝一夕的事，也不是一板一眼的事，不同的场合，不同的对象，即使同一内容，讲述亦有不同。讲述的训练需要渗透到日常生活情境中，所以应从学生的对象与场合意识、重点与条理把握能力、表达的具体生动性等方面设置作业，以便学生明确自己讲述的得失，进一步提高。

1. 周末亲子交流，提供学习讲述的资源

学习讲述，要有一定可资借鉴的资源，资源从哪里来？其实不必远求，可以多关注身边的真实情境，周末亲子交流，教师适当设计讲述的作业，学生即有了学习讲述的资源。一般周末作业都是“说”和“写”结合，先与父母交流说，再按设计的题目写小练笔。

如第 1 周亲子口语交际作业：

（1）讲述作业：新学期的第一个周末，回家后向父母讲述这周在学校的学习与生活。

（2）写作：按照课本第 19 页口语交际的要求，以“我的初二，我的新开始”为题，对父母说说开学第一周遇到的新老师、学到的新课程等等，写一篇 200 字左右的小随笔。

2. 周末家庭环境，提供学习讲述的真实情境

每周的亲子口语交际作业都是做成一页 PPT 的，周五放学前给学生看，并用 5 分钟给学生讲，告诉他们要干什么，并经常对他们说周末回去多与父母说说话，八年级的孩子，很多回家后是不与父母说话的。为了得到家长的支持，要让家长知道布置了要与家长说话的亲子作业。

如第 14 周亲子口语交际作业：

（1）讲述作业：这周是你们的青春礼活动，请与父母好好讲讲青春礼中的快乐事。

（2）写作：请以“我们的青春礼”为题写一篇不少于 200 字的周记。

二、活用生活情境，积累写作素材

周末亲子交流更多是注重口头表达，更多是学习讲述，讲述过后的小练笔也仅是检测讲述作业是否完成的方式。在口语实践的基础上，具有交际功能的写作训练，选

取能触动学生心灵的材料，创设真实、开放、综合的任务情境。写作情境与学生实际生活相吻合，是提高学生写作兴趣的关键。笔者以讲述与复述、转述的口语交际为基础，整合第二单元的写作安排，设计亲子口语交际作业。

表 2　八年级上册写作安排（2）学写传记

教材位置	名称	写作指导	写作实践
第二单元	学写传记	（1）传记概念 （2）传记类型 （3）传记特点 （4）传记写法	（1）从呱呱坠地到成长为一个少年学生，你已经有了十多年的人生经历。写一段自我介绍，回顾自己过去的经历，也说说自己对未来的想法 （2）你和家人朝夕相处，但你知道他们的生日、爱好和经历吗？请为你的一位家人写一篇小传

表 3　八年级上册口语交际安排（2）复述与转述

教材位置	名称	口语指导	口语实践	提供的情境
第五单元	复述与转述	复述不是背诵，即使是详细复述，也要对原材料进行精简，选出必须要讲的内容，确定要讲的重点，用自己的话重说出来	（1）老师读一段故事，学生先在小组内练习详细复述和简要复述 （2）根据下面的材料，进行转述训练 （3）下面是意大利作家卡尔维诺描述的经典作品的特征。阅读后，请用你自己的话告诉同学什么是经典	课堂情境

复述与转述是生活中常用的口头表达形式。由表 3 可见，教材提供的口语实践，适合课堂教学形式。但课堂教学不能一味地让学生比较复述与转述、详细复述与简要复述的异同，要尽可能让学生在真实生活情境中体会，得到属于自己的经验。传记是对人物的生平进行系统记述的一种文章体裁。小传因其记事比较简略、篇幅比较短小，比较适宜初中生入手练习。由表 2 可见，教材提供的写作实践：第一题：重点放在自己成长历程中关键事件的选择上，不能面面俱到，写成流水账；第二题：写作前要与所写的对象进行深入交流，记录交流中了解到的人生重要事件，作为写作的第一手资料。不管是自己的成长历程还是家人的情况，都需要学生在家庭这真实的情境中，获取符合写作需要的素材。家长参与是学生作业完成过程中的重要外部条件。

基于此，我们可以设计亲子口语交际作业，如第 10 周亲子口语交际作业：

（1）小时候的你是怎样的？在家人眼里的你以前是怎样的、现在是怎样的？周末翻看旧照片，与家人交流，让他们说说你小时候的趣事，更好地认识自己。

（2）根据家人的叙述，写一段自我介绍，回顾自己过去的经历，也说说自己对未来的想法。

又如第 11 周周末作业：

（1）你与家人朝夕相处，但你知道他们的生日、爱好和经历吗？请你周末与家人好好交流，进一步了解他们。

（2）按照语文书第 48 页的要求，为你的一位家人写一篇小传。

三、巧用任务驱动，彰显家校合作

家长参与学校教育是当前的教育潮流。家长参与的核心在于家长对孩子在家庭中的学习活动的参与。周末既是亲子时光，亦是潜移默化的学习时机。教师巧妙布置合适的任务，学生在生活中学习。如八年级第三单元的作文训练，可以设计为一个长周期的亲子口语交际作业。见表 4。

表 4　八年级上册写作安排（3）学习描写景物

教材位置	名称	写作指导	写作实践
第三单元	学习描写景物	1. 描写景物，要抓住景物的特征 2. 描写景物的特征，可以描述人的视觉感受，还可以描述听觉、嗅觉、触觉等多种感受 3. 为了使景物描写更加丰满、生动，对某一个景物，可以俯视、仰视、近视、远望，可以写静态、动态，还可以写不同时段中的不同形态 4. 写景时还要注意融入情感，同一人笔下的同一景物，在不同的心境下，也会发生变化	1. 写“校园一景” 2. 以“窗外”为题，写一篇作文。 3. 以“我爱____季“为题，写一篇作文

在第三单元的写作训练中，可以设计这样的亲子口语交际作业：

你留意过自家窗外的景物吗？或许是车水马龙的道路，或许是满是花草的花园，或许是小伙伴们玩耍的场地……根据课本第 65 页写作实践第二题的要求，完成下面任务：

选取自家的某扇窗户为观察点，进行观察，做好观察记录。9 月、10 月、11 月、12 月，这四个月的第三周周末用 150—200 字描写自家某扇窗外的景物！

这是长周期的亲子口语交际作业，大部分内容都是在课外完成，学生带着观察自己窗外的任务，持续四个月，笔者在这过程中通过各个阶段的检查、评价，鼓励学生在真实情境中学习描写景物。

综上所述，将亲子口语交际作业与真实的生活情境结合起来，注重学生社会经验在自身发展中的作用，以此来建立学生学习的信心。基于真实情境的亲子口语交际作业设计，不仅锻炼了学生的语言表达能力，还锻炼了从生活中收集信息、重组信息的能力，更重要的是与父母家人一起交流分享，获得快乐。

参考文献

［1］中共中央，国务院．深化新时代教育评价改革总体方案［M］．北京：人民出版社，2020.

［2］中华人民共和国教育部编．义务教育语文课程标准（2022版）［M］．北京：北京师范大学出版社，2022.

［3］中华人民共和国教育部．普通高中语文课程标准（2017年版）［M］．北京：北京师范大学出版社，2020.

［4］中华人民共和国教育部．教育部关于加强初中学业水平考试命题工作的意见：教基〔2019〕15号［A/OL］.（2019-11-22）[2019-11-29].http://www.moe.gov.cn/srcsite/A06/s3321/201911/t20191128_409951.html.

［5］中华人民共和国教育部．教育部关于印发《完善中华优秀传统文化教育指导纲要》的通知：教社科〔2014〕3号.［A/OL］．（2014-03-28）[2014-04-01]. http://www.moe.gov.cn/srcsite/A13/s7061/201403/t20140328_166543.html.

［6］上海市教育委员会教学研究室编．上海市初中语文学科教学基本要求（试验本）［M］．上海：上海教育出版社，2017.

［7］温儒敏．温儒敏先生谈"部编本"语文教材［J］．课程·教材·教法，2016（11）.

［8］温儒敏．温儒敏论语文教育［M］．北京：北京大学出版社，2017.

［9］顾之川．高考语文现代文阅读现状与改革［J］．中国考试，2014（1）.

［10］顾之川．语文考试改革新进展［J］．语文学习，2017（3）.

［11］余映潮．余映潮阅读教学艺术50讲［M］．西安：陕西师范大学出版社，2005.

［12］余映潮．映潮的中学语文教学主张［M］．北京：中国轻工业出版社，2012.

［13］冯善亮，向浩．学教评一体化：语文课程实施的一个关键问题［J］．语文教学与研究，2019（9上）.

[14] 王君. 更美语文课 [M]. 武汉：长江文艺出版社，2018：64.

[15] 王力. 古代汉语 [M]. 北京：中华书局，1997.

[16] 王力. 关于古代汉语的学习和教学：一九八二年七月四日在天津的讲演 [J]. 天津师范学院学报，1980（5）.

[17] 张中行. 文言津逮 [M]. 北京：中华书局，2007.

[18] 周庆元. 语文教育研究概论 [M]. 长沙：湖南人民出版社，2005.

[19] 顾黄初，顾振彪. 语文课程与语文教材 [M]. 北京：社会科学文献出版社，2001.

[20] 王政白. 文言实词知识 [M]. 合肥：安徽人民出版社，1978.

[21] 邰爽秋. 科学化的国文教授法 [J]. 教育杂志，第14卷第8号，1922.

[22] 胡怀琛. 言文对照古文笔法百篇 [M]. 北京：文津出版社，2018.

[23] 张秋玲. 百年语文课程标准中的“浅易文言文” [J]. 课程·教材·教学，2013（6）.

[24] 郑志平. 文言文教学应加强传统文化内涵的挖掘 [J]. 教育艺术，2017（4）：36.

[25] 孙正林. 完善中华优秀传统文化教育的几个关键环节 [J]. 中国教育报，2014（04）.

[26] 窦桂梅. 文言文教学要处理好“言”与“文”的关系 [J]. 教科语文之家，2017（9）.

[27] 钱梦龙. 教师的价值 [M]. 上海：华东师范大学出版社，2016：182.

[28] 安福海. 促进深度学习的课堂教学策略研究 [J]. 课程·教材·技法，2014（11）.

[29] 张大春. 见字如来 [M]. 成都：天地出版社，2019，3.

[30] 蒋绍愚. 古汉语词汇纲要 [M]. 北京：商务印书馆，2005：61.

[31] 喻遂生. 文字学教程 [M]. 北京：北京大学出版社，2004：96.

[32] 傅钱余. 论故事教学理念下的理论课程教学改革 [J]. 当代教育理论与实

践，2016（8）:50–53.

［33］范学义．故事教学法的有效运用［J］．小学科学·教师版，2015（3）．

［34］王荣生．文言文教学教什么［M］．上海：华东师范大学出版社，2014.

［35］王荣生．小说教学教什么［M］．上海：华东师范大学出版社，2015.

［36］王荣生．写作教学教什么［M］．上海：华东师范大学出版社，2014：91.

［37］王荣生．散文教学教什么［M］．上海：华东师范大学出版社，2014：25，7–8.

［38］李倩，郑国民，陈沛．2019年全国中高考语文试题研究报告［S］．北京：北京师范大学出版社，2020.

［39］荣维东．写作课程范式研究［D］．上海：华东师范大学出版社，2010：162.

［40］章熊，等．中学生言语技能训练［M］．北京：教育科学出版社，2005：11.

［41］叶圣陶．叶圣陶教育文集［M］．北京：人民教育出版社，1988.

［42］叶圣陶．叶圣陶教育文集：第二卷［M］．北京：人民教育出版社，1994：102.

［43］潘新和．写作：指向自我实现的人生［M］．北京：科学出版社，1999.

［44］梁衡．我的阅读与写作［M］．北京：北京联合出版公司，2016：173.

［45］鲁迅．二心集［M］．南京：译林出版社，2013：11.

［46］鲁迅．鲁迅全集［M］．北京：人民文学出版社，1981：273.

［47］李倩，郑国民，杨磊．2020年全国中高考语文试题研究报告［M］．北京：北京师范大学出版社，2021.

［48］张年东、荣维东．从PISA测试看课标中的非连续性文本阅读［J］．语文建设，2013（12）．

［49］黄德新．基于阅读“非连续性文本”的四点思考［J］．语文教学通讯，2013（15）．

［50］巢宗祺．义务教育语文课程标准（2011年版）热点问题访谈［J］．人民教育，2012（6）．

［51］李松林．学科核心素养的发展机制与培育路径［J］．课程·教材·教法，2018（3）：24–26.

[52] 吴欣歆. 培养真正的阅读者：整本书阅读之理论基础[M]. 上海：上海教育出版社，2019：113.

[53] 刘巍. 基于大数据分析的初中文言常用实词确定的研究：以统编教材为例[J]. 课程教学研究，2020（6）.

[54] 潘涌. PISA：国际比较视野中的阅读评价观［J］. 比较教育研究，2012（9）.

[55] 魏小娜. 美国“非连续性文本”的读写实践及启示［J］. 语文教学通讯（小学版），2015（1）.

[56] 安德森，等. 布卢姆教育目标分类学：分类学视野下的学与教及其测评［M］. 蒋小平，译. 北京：外语教学与研究出版社，2009: 5.

[57] 赵蒙成.情境学习理论视野中的考试：原理与策略［J］.教育科学研究，2011（7）：34–36.

[58] 王月芬.重构作业：课程视域下的单元作业［M］.北京：教育科学出版社，2020：14.

后 记

当我在电脑上敲出“后记”两个字时，我的内心是不平静的：煎熬了几年的苦心探索，可以打上一个句号，或者说，至少也是一个逗号了。念及此，我不由得长长地舒了一口气。

本书得以出版，首先要感谢广东省教育研究院和东莞市教育局教研室的领导们。

广东省（东莞）初中语文学科教研基地作为全省首批学科教研基地，在省教研院的引领下、在东莞市教育局教研室统筹下，认真落实教研基地项目建设目标要求，努力有序推进基地项目的整体建设工作；努力为全市教育向更高质量体系发展，探寻初中语文学科教研的新路径；努力为全市品质教育、品质课堂教学建设、辐射和帮扶增添新活力。

省市两级，都期望我们学科基地能够借助信息化手段，发挥大数据分析优势，分析和诊断学生学业表现，优化教师的课堂教学，提供个性化、针对化的精细、精准的分析与指导；期望我们积极关注人工智能、大数据等信息技术时代的新知识和新样态；期望我们学科在国家义务教育质量监测的大潮中趁势而上，有所作为。

《义务教育语文课程标准（2022 年版）》指出：“以学生的生活为基础，以识字与写字、阅读与鉴赏、表达与交流、梳理与探究等语文实践为线索，整合学习情境、学习内容和多种学习方式，设计语文学习任务群，引领语文育人方式的变革。”

正是基于这样的平台、背景、契机和认识，我才得以将自己近年来的研究成果和对学科教研基地建设的思考结集出版。这对于我的学术研究，是一次非常好的阶段性小结；对于我们的学科教研基地建设与成果的固化，也是一次很好的回顾、检阅和再出发。

教然后知不足，研然后知困。我努力阅读一些理论图书，努力向前辈和老师们请教，认真向富有经验的教研领军人物学习：省教研员冯善亮老师教我如何做好教研员工作、省中语会理事长黄淑琴教授教我如何做论文与课题研究、岭南师范学院李斌辉教授教我如何搭建教研平台、余映潮老师教我如何评课磨课、王君老师教我如何带团队、倪岗老师和楚云老师教我如何开展名著阅读活动、周华章老师教我如何研究作文教学、李燚鑫老师教我如何跟上教研新形势的发展并作前沿的研究。加入华南师范大学周小蓬教授名师工作室后，周老师又引领我与时俱进、研究大单元整合教学。

万事开头难。借此机会，我更是要特别感谢冯善亮老师、黄淑琴教授与韶关学院的黎欢教授。本书的第一节（关于初中文言常用实词确定的研究），其实早有创作的想法，只是一直懈怠没有成文。2018 年底，省中语会年会间隙，我曾口头向理事长黄淑琴教授汇报一些基于实证的文言文研究的不太成熟的想法。想法既不连贯，也不系统，不料却得到黄教授的高度认可与关键处的点拨。不久，黄教授又把我推荐给韶关学院的黎欢教授。黎欢教授在不认识我的情况下，毅然邀请我到韶关学院讲学，主题就是文言文实词研究。我既感荣幸，又倍觉压力：担心自己的水平辜负了黄教授与黎教授的美意，担心自己的研究会“糊弄”参加省培的全省各县区教研员和骨干教师们。所以，2019 年整个暑假，我战战兢兢、夜以继日地写出了本书的第一节。然后，我鼓起勇气发给了黄教授与冯老师斧正，两位专家不嫌我的鄙陋，给予我信心与指导。后来，我带着研究的内容第一次到了韶关学院，第一次见到了体贴、热心、温和的黎教授……正因为得到了师长们的鼓励，才有了后续的其他内容。每每想起，不胜感激。

我更要借此机会，向爱我的人和我爱的人表达最真挚的感恩与谢意。感谢爱人二十多年来的理解、包容和支持。寒暑假、周末在家独自敲击键盘时，她一直默默地为我提供最好的后勤保障，让我没有后顾之忧。也正是因为有她在背后，我才有不断向前探索的勇气。

在结集出版之时，我有幸遇见了南方日报出版社的方明编辑。他热忱、细心、周到与专业，减轻了我的畏难情绪，让我更有信心与力量前行；我们学科教研基地的骨干教师和我的工作室小伙伴们，在我最急需时，提供了大量无私的帮助；还有我们四千东莞初中语文人，是我前进的动力和坚强的后盾，在此也一并致谢！

人总是要逼一逼自己的。近几年，几乎没有真正地休过假，也没有在寒暑假期好好陪伴家人与朋友。近几年，每每夜深人静、寂寂敲击键盘时，每每细斟慢酌、反复推敲、推倒重来倍感沮丧无助时，陪伴我的，也许是一首喜欢多年的歌曲：

睡意朦胧的星辰 / 阻挡不了我行程 / 多年漂泊日夜餐风露宿 / 为了理想我宁愿忍受寂寞 / 饮尽那份孤独

抖落异地的尘土 / 踏上遥远的路途 / 满怀痴情追求我的梦想 / 三百六十五日年年的度过 / 过一日行一程

…………

近几年，尽管我利用日常忙碌工作之余的边角料时间，蜗牛爬行式地往前挪，只可惜，也没有明显感觉到自己水平的提高。好在还有这么多师长、同仁、朋友，也就借省教研基地的机会，壮胆结集出版，供专家批评指正。另外，由于时间仓促、能力水平有限，手上还有些闪现了思考火花的文章没有完全成稿，也只能再假以时日了。

即将要收笔之时，不自觉又哼唱起“三百六十五里路呀 / 越过春夏秋冬 / 三百六十五里路呀 / 岂能让它虚度 / 那里万丈的雄心 / 从来没有消失过”，但此刻，曲调却是欢快的。因为，我在努力做到知行合一，我在努力与团队一起，奔赴我们的星辰大海。

“没有比脚更长的路，没有比人更高的山。”我想，内心的崇高法则与头顶上灿烂的星空，将会引领我一直走下去。

刘　巍

2022 年 10 月于松山湖